付録 とりはずしてお使いください。

英語おさらいドリル

5年

年　　組

アルファベット

アルファベットの大文字をなぞりましょう。また、くり返し書いてみましょう。

A B C D E F

G H I J K L

M N O P Q R

S T U V W X

Y Z

アルファベットの小文字をなぞりましょう。また、くり返し書いてみましょう。

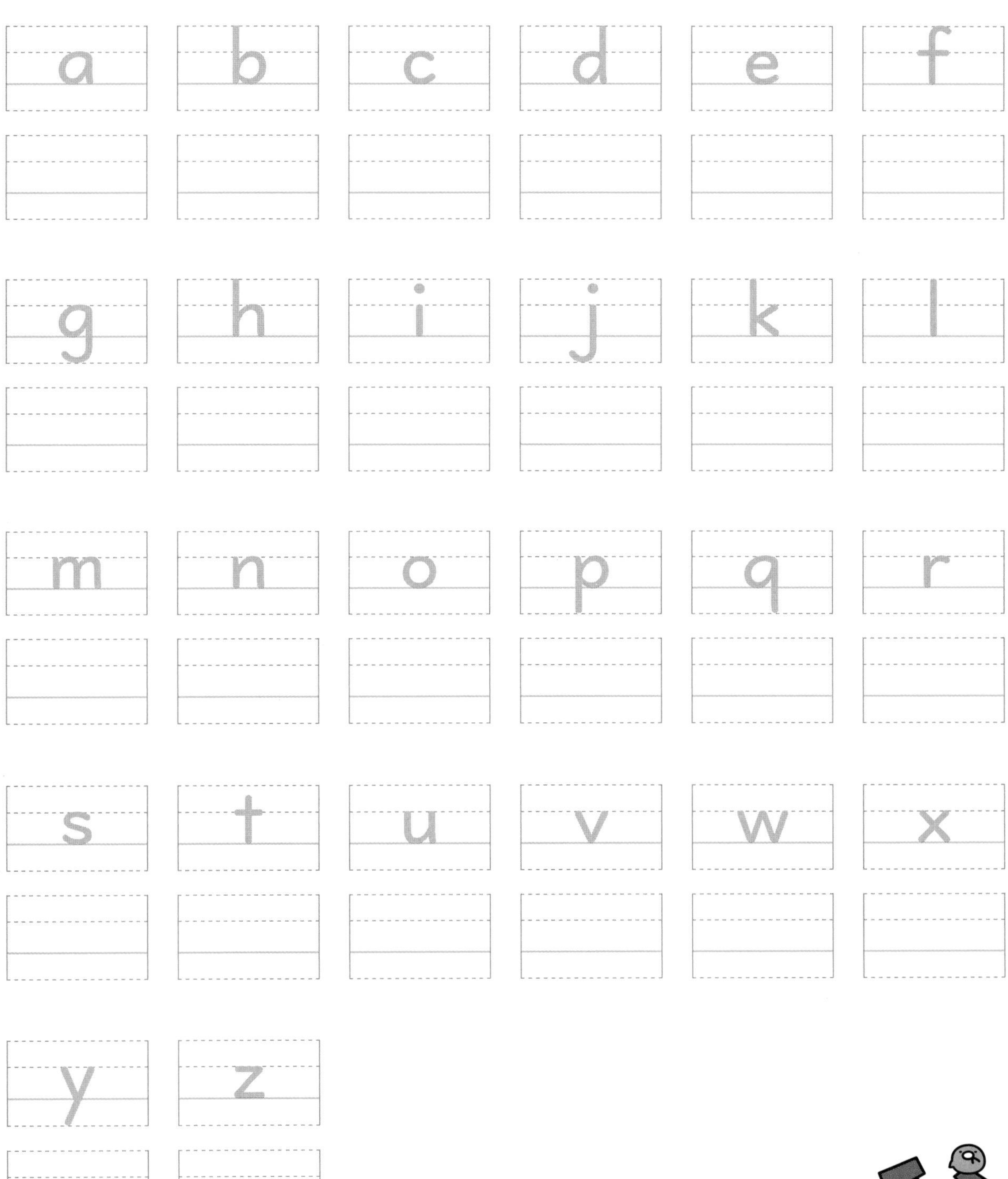

気分を表す言葉

気分を表す言葉をなぞりましょう。また、くり返し書いてみましょう。

□わくわくした

excited

□うれしい

happy

□悲しい

sad

□眠い

sleepy

□心配な

nervous

□悪い

bad

聞かれたことについて、自分ならどう答えるか書いてみましょう。
空らんのことばを埋めて、文をなぞりましょう。

1 自分の気分を伝えるとき

I'm ________________.

（私は〇〇です。）

2 相手の気分をたずねるとき、答えるとき

Are you ________________?

（あなたは〇〇ですか。）

Yes, I am.

（はい、そうです。）

No, I'm not.

（いいえ、そうではありません。）

色を表す言葉

色を表す言葉をなぞりましょう。また、くり返し書いてみましょう。

□グレー

gray

□金

gold

□ライトブルー

light blue

□むらさき

purple

□銀

silver

□黄緑

yellow green

聞かれたことについて、自分ならどう答えるか書いてみましょう。
空らんのことばを埋めて、文をなぞりましょう。

1 相手に好きな色をたずねるとき、答えるとき

What color do you like?

（あなたは何色が好きですか。）

I like ＿＿＿＿＿＿＿＿.

（私は○○が好きです。）

2 相手に「～色は好きですか。」と具体的にたずねるとき、答えるとき

Do you like ＿＿＿＿＿＿＿＿?

（あなたは○○が好きですか。）

Yes, I do.

（はい、そうです。）

No, I don't.

（いいえ、そうではありません。）

スポーツを表す言葉

✎ スポーツを表す言葉をなぞりましょう。また、くり返し書いてみましょう。

□クリケット

cricket

□フェンシング

fencing

□フィギュアスケート

figure skating

□ラグビー

rugby

□スノーボード

snowboarding

□車いすテニス

wheelchair tennis

聞かれたことについて、自分ならどう答えるか書いてみましょう。
空らんのことばを埋めて、文をなぞりましょう。

① 相手に好きなスポーツをたずねるとき、答えるとき

What sport do you like?

（あなたは何のスポーツが好きですか。）

I like ＿＿＿＿＿＿＿＿＿＿.

（私は○○が好きです。）

② 自分の得意なスポーツを伝えるとき

I'm good at ＿＿＿＿＿＿＿＿＿＿.

（私は○○が得意です。）

③ 自分ができるスポーツを答えるとき

I can ＿＿＿＿＿＿＿＿＿＿.

（私は○○をすることができます。）

おもに球を使うスポーツは、play ＋スポーツの言葉
剣道や柔道などは、do ＋スポーツの言葉　となるよ。
フィギュアスケート、またはスノーボードができる
というときは　I can figure skate.　というよ。
I can snowboard.

食べ物（料理・デザート）を表す言葉

食べ物を表す言葉をなぞりましょう。また、くり返し書いてみましょう。

□アップルパイ

apple pie

□チーズケーキ

cheese cake

□焼き飯

fried rice

□フィッシュアンドチップス

fish and chips

□ポークステーキ

pork steak

□ローストビーフ

roast beef

聞かれたことについて、自分ならどう答えるか書いてみましょう。
空らんのことばを埋めて、文をなぞりましょう。

① 朝ごはんに食べるものを伝えるとき

I have ＿＿＿＿＿＿＿＿

for breakfast.

（私は朝食に〇〇を食べます。）

② 注文をするとき

I'd like ＿＿＿＿＿＿＿＿ .

（〇〇をお願いします。）

＿＿＿＿＿＿＿＿ , please.

（〇〇をお願いします。）

③ 食べたいものを伝えるとき

I want to eat ＿＿＿＿＿＿＿＿ .

（私は〇〇を食べたいです。）

飲み物を表す言葉

飲み物を表す言葉をなぞりましょう。また、くり返し書いてみましょう。

□コーヒー

coffee

□ミネラルウォーター

mineral water

□りんごジュース

apple juice

□オレンジジュース

orange juice

□緑茶

green tea

□ホットチョコレート

hot chocolate

聞かれたことについて、自分ならどう答えるか書いてみましょう。
空らんのことばを埋めて、文をなぞりましょう。

1 昼食に食べるものや飲むものを伝えるとき

I have ____________

for lunch.

（私は昼食に〇〇を食べます。）

2 注文をするとき

What would you like?

（何にいたしますか。）

I'd like ____________.

（〇〇をお願いします。）

____________, please.

（〇〇をお願いします。）

果物・野菜・食材を表す言葉をなぞりましょう。また、くり返し書いてみましょう。

□アスパラガス

asparagus

□カボチャ

pumpkin

□セロリ

celery

□ブルーベリー

blueberry

□マンゴー

mango

□海そう

seaweed

聞かれたことについて、自分ならどう答えるか書いてみましょう。
空らんのことばを埋めて、文をなぞりましょう。

1 ものの数をたずねるとき

How many ______ ?

（○○はいくつですか。）

2 好きなものをたずねるとき、答えるとき

What vegetable do you like?

（何の野菜が好きですか。）

What fruit do you like?

（何の果物が好きですか。）

I like ______ .

（○○が好きです。）

動物・海の生き物を表す言葉

動物・海の生き物を表す言葉をなぞりましょう。また、くり返し書いてみましょう。

□カピバラ

capybara

□タヌキ

raccoon dog

□ワシ

eagle

□フラミンゴ

flamingo

□カメ

turtle

□イカ

squid

聞かれたことについて、自分ならどう答えるか書いてみましょう。
空らんのことばを埋めて、文をなぞりましょう。

1 動物がどこにいるかをたずねるとき、答えるとき

Where is ______________ ?

（○○はどこにいますか。）

It's on the chair.

（いすの上にいます。）

2 好きな動物をたずねるとき、答えるとき

What animal do you like?

（何の動物が好きですか。）

I like ______________ .

（○○が好きです。）

好きな動物を答えるときは、その動物は s をつけて複数形で表すよ。
（例）dog → dogs

虫・昆虫を表す言葉

虫・昆虫を表す言葉をなぞりましょう。また、くり返し書いてみましょう。

□アリ

ant

□甲虫

beetle

□イモ虫

caterpillar

□トンボ

dragonfly

□キリギリス・バッタ

grasshopper

□クモ

spider

聞かれたことについて、自分ならどう答えるか書いてみましょう。
空らんのことばを埋めて、文をなぞりましょう。

1 動物や虫がどこに生息しているかをたずねるとき、答えるとき

Where do ＿＿＿＿＿＿＿＿ live?

（○○はどこに生息していますか。）

生息している動物や虫などは集団なので、複数形で表すよ。
（例）beetle → beetles

They live in forests.

（それらは森林に生息しています。）

2 見えている動物や虫などについて伝えるとき

I see ＿＿＿＿＿＿＿＿.

（わたしには○○が見えます。）

性格を表す言葉

性格を表す言葉をなぞりましょう。また、くり返し書いてみましょう。

□はずかしがりの

shy

□創造力がある

creative

□友好的な

friendly

□利口な

smart

□活動的な

active

□やさしい

gentle

聞かれたことについて、自分ならどう答えるか書いてみましょう。
空らんのことばを埋めて、文をなぞりましょう。

1 自分のまわりの人を紹介するとき

This is my friend, Yuka.

（こちらは私の友達のユカです。）

She's ＿＿＿＿＿＿＿＿＿＿.

（彼女は○○です。）

2 自分のヒーローについて伝えるとき

My hero is my father.

（私のヒーローは私の父です。）

He's ＿＿＿＿＿＿＿＿＿＿.

（彼は○○です。）

家族・人を表す言葉

家族・人を表す言葉をなぞりましょう。また、くり返し書いてみましょう。

□祖父、祖母

grandparent

□親

parent

□おば

aunt

□おじ

uncle

□いとこ

cousin

□近所の人

neighbor

聞かれたことについて、自分ならどう答えるか書いてみましょう。
空らんのことばを埋めて、文をなぞりましょう。

1 自分のまわりの人について紹介するとき

Who is this?

（［写真などを見ながら］こちらはどなたですか。）

She's my ______________ .

（彼女は私の○○です。）

2 自分のまわりの人がどんな人か伝えるとき

My ______________ is kind.

（私の○○は親切です。）

動作を表す言葉

動作を表す言葉をなぞりましょう。また、くり返し書いてみましょう。

□髪をとく

comb my hair

□ゴミを出す

take out the garbage

□昆虫をとる

catch insects

□指を鳴らす

snap my fingers

□立ち上がる

stand up

□すわる

sit down

聞かれたことについて、自分ならどう答えるか書いてみましょう。
空らんのことばを埋めて、文をなぞりましょう。

1 自分の日課について伝えるとき

I ＿＿＿＿＿＿＿＿

every morning.

（私は毎朝〇〇します。）

I sometimes ＿＿＿＿＿＿＿＿ .

（私はときどき〇〇します。）

2 できることをたずねるとき、答えるとき

Can he ＿＿＿＿＿＿＿＿ ?

（彼は〇〇できますか。）

Yes, he can.

（はい、できます。）

No, he can't.

（いいえ、できません。）

楽器を表す言葉

楽器を表す言葉をなぞりましょう。また、くり返し書いてみましょう。

□アコーディオン

accordion

□ハーモニカ

harmonica

□キーボード

keyboard

□ピアニカ・メロディカ

melodica

□タンバリン

tambourine

□トランペット

trumpet

聞かれたことについて、自分ならどう答えるか書いてみましょう。
空らんのことばを埋めて、文をなぞりましょう。

1 自分が演奏できる楽器について伝えるとき

I can play the ＿＿＿＿＿＿＿＿.

（私は〇〇を演奏することができます。）

2 彼 / 彼女が楽器を演奏できるかたずねるとき、答えるとき

Can she play

the ＿＿＿＿＿＿＿＿?

（彼女は〇〇を演奏することができますか。）

Yes, she can.

（はい、できます。）

No, she can't.

（いいえ、できません。）

町にあるものを表す言葉

町にあるものを表す言葉をなぞりましょう。また、くり返し書いてみましょう。

□動物病院

animal hospital

□銀行

bank

□市役所

city hall

□映画館

movie theater

□ショッピングモール

shopping mall

□文ぼう具店

stationery store

聞かれたことについて、自分ならどう答えるか書いてみましょう。
空らんのことばを埋めて、文をなぞりましょう。

1 町にある建物などが、どこにあるかたずねるとき、伝えるとき

Where is ＿＿＿＿＿＿＿＿＿＿?

（〇〇はどこにありますか。）

Go straight.

（まっすぐ進んでください。）

Turn left.

（左に曲がってください。）

You can see it on your right.

（右に見えます。）

学校にまつわるものを表す言葉

学校にまつわるものを表す言葉をなぞりましょう。また、くり返し書いてみましょう。

□通学かばん

school bag

□制服

school uniform

□黒板

blackboard

□調理室

cooking room

□理科室

science room

□コンピューター室

computer room

聞かれたことについて、自分ならどう答えるか書いてみましょう。
空らんのことばを埋めて、文をなぞりましょう。

1 学校にあるものがどこにあるかたずねるとき

Where is ______________________?

（○○はどこにありますか。）

It's next to the cooking room.

（それは調理室のとなりにあります。）

2 校内のお気に入りの場所をつたえるとき

My favorite place is

______________________.

（わたしのお気に入りの場所は○○です。）

教科書ぴったりトレーニング

はなまるシール

- ふろくの「がんばり表」に使おう！
- はじめに、キミのおとも犬を選んで、がんばり表にはろう！
- 学習が終わったら、がんばり表に「はなまるシール」をはろう！
- 余ったシールは自由に使ってね。

キミのおとも犬

はなまるシール

ごほうびシール

教科書ぴったりトレーニング

英語 5年 がんばり表

いつも見えるところに、この「がんばり表」をはっておこう。
この「ぴたトレ」を学習したら、シールをはろう！
どこまでがんばったかわかるよ。

シールの中から好きなぴた犬を選ぼう。

おうちのかたへ

がんばり表のデジタル版「デジタルがんばり表」では、デジタル端末でも学習の進捗記録をつけることができます。1冊やり終えると、抽選でプレゼントが当たります。「ぴたサポシステム」にご登録いただき、「デジタルがんばり表」をお使いください。LINE または PC・ブラウザを利用する方法があります。

★ぴたサポシステムご利用ガイドはこちら★
https://www.shinko-keirin.co.jp/shinko/news/pittari-support-system

スタート

Let's Start!

8〜9ページ	ぴったり1 2
10〜11ページ	ぴったり1 2
12〜13ページ	ぴったり1 2

Unit 1 Hello, friends!

14〜15ページ	ぴったり1 2
16〜17ページ	ぴったり1 2
18〜19ページ	ぴったり1 2
20〜21ページ	ぴったり3
22〜23ページ	ぴったり1 2
24〜25ページ	ぴったり1 2
26〜27ページ	ぴったり3

Unit 2 Happy birthday!

28〜29ページ	ぴったり1 2
30〜31ページ	ぴったり1 2
32〜33ページ	ぴったり3
34〜35ページ	ぴったり1 2
36〜37ページ	ぴったり1 2
38〜39ページ	ぴったり3

Unit 3 Can you play dodgeball?

40〜41ページ	ぴったり1 2
42〜43ページ	ぴったり1 2
44〜45ページ	ぴったり1 2
46〜47ページ	ぴったり3

Unit 4 Who is this?

48〜49ページ	ぴったり1 2
50〜51ページ	ぴったり1 2
52〜53ページ	ぴったり3
54〜55ページ	ぴったり1 2
56〜57ページ	ぴったり1 2
58〜59ページ	ぴったり3

Unit 5 Let's go to the zoo.

60〜61ページ	ぴったり1 2
62〜63ページ	ぴったり1 2
64〜65ページ	ぴったり1 2
66〜67ページ	ぴったり1 2
68〜69ページ	ぴったり3

Unit 6 At a restaurant.

70〜71ページ	ぴったり1 2
72〜73ページ	ぴったり1 2
74〜75ページ	ぴったり1 2
76〜77ページ	ぴったり3

Unit 7 Welcome to Japan!

78〜79ページ	ぴったり1 2
80〜81ページ	ぴったり1 2
82〜83ページ	ぴったり3
84〜85ページ	ぴったり1 2
86〜87ページ	ぴったり3

Unit 8 Who is your hero?

88〜89ページ	ぴったり1 2
90〜91ページ	ぴったり1 2
92〜93ページ	ぴったり1 2
94〜95ページ	ぴったり3

（各ます：できたらシールをはろう）

ゴール

最後でがんばったキミは「ごほうびシール」をはろう！

ごほうびシールをはろう

教科書ぴったりトレーニングの使い方

『ぴたトレ』は教科書にぴったり合わせて使うことができるよ。教科書も見ながら、勉強していこうね。
ぴた犬たちが勉強をサポートするよ。

ふだんの学習

ぴったり1 準備

教科書のだいじなところをまとめていくよ。
めあて でどんなことを勉強するかわかるよ。
音声を聞きながら、自分で声に出してかくにんしよう。
QR コードから「3 分でまとめ動画」が見られるよ。

※QR コードは株式会社デンソーウェーブの登録商標です。

ぴったり2 練習

「ぴったり１」で勉強したこと、おぼえているかな？
かくにんしながら、自分で書く練習をしよう。

「ぴったり１」「ぴったり２」が終わったら取り組んでみよう。
学校のテストの前にやってもいいね。
わからない問題は、ふりかえり を見て前にもどってかくにんしよう。

実力チェック

- 夏のチャレンジテスト
- 冬のチャレンジテスト
- 春のチャレンジテスト
- 5年 英語のまとめ 学力診断テスト

夏休み、冬休み、春休み前に使いましょう。
学期の終わりや学年の終わりのテストの前にやってもいいね。

ふだんの学習が終わったら、「がんばり表」にシールをはろう。

別冊

丸つけラクラク解答

問題と同じ紙面に赤字で「答え」が書いてあるよ。
取り組んだ問題の答え合わせをしてみよう。まちがえた問題やわからなかった問題は、右の「てびき」を読んだり、教科書を読み返したりして、もう一度見直そう。

おうちのかたへ

本書『教科書ぴったりトレーニング』は、教科書の要点や重要事項をつかむ「ぴったり１ 準備」、おさらいをしながら単語や表現の書き取りに慣れる「ぴったり２ 練習」、テスト形式で学習事項が定着したか確認する「ぴったり３ 確かめのテスト」の３段階構成になっています。教科書の学習順序やねらいに完全対応していますので、日々の学習（トレーニング）にぴったりです。

「観点別学習状況の評価」について

学校の通知表は、「知識・技能」「思考・判断・表現」「主体的に学習に取り組む態度」の３つの観点による評価がもとになっています。

問題集やドリルでは、一般に知識を問う問題が中心になりますが、本書『教科書ぴったりトレーニング』では、次のように、観点別学習状況の評価に基づく問題を取り入れて、成績アップに結びつくことをねらいました。

ぴったり３ 確かめのテスト

- ●「知識・技能」のうち、特に技能（具体的な情報の聞き取りなど）を取り上げた問題には「技能」と表示しています。
- ●「思考・判断・表現」のうち、特に思考や表現（予想したり文章で説明したりすることなど）を取り上げた問題には「思考・判断・表現」と表示しています。

チャレンジテスト

- ●主に「知識・技能」を問う問題か、「思考・判断・表現」を問う問題かで、それぞれに分類して出題しています。

別冊『丸つけラクラク解答』について

おうちのかたへ では、次のようなものを示しています。

- ・学習のねらいやポイント
- ・他の学年や他の単元の学習内容とのつながり
- ・まちがいやすいことやつまずきやすいところ

お子様への説明や、学習内容の把握などにご活用ください。

内容の例

おうちのかたへ

このユニットでは、過去に行った場所やしたことを伝える表現を練習しました。I went to～.（私は～へ行きました。）などに対して、Sounds good!（楽しそうだね。）などを使って感想を伝えてみてください。

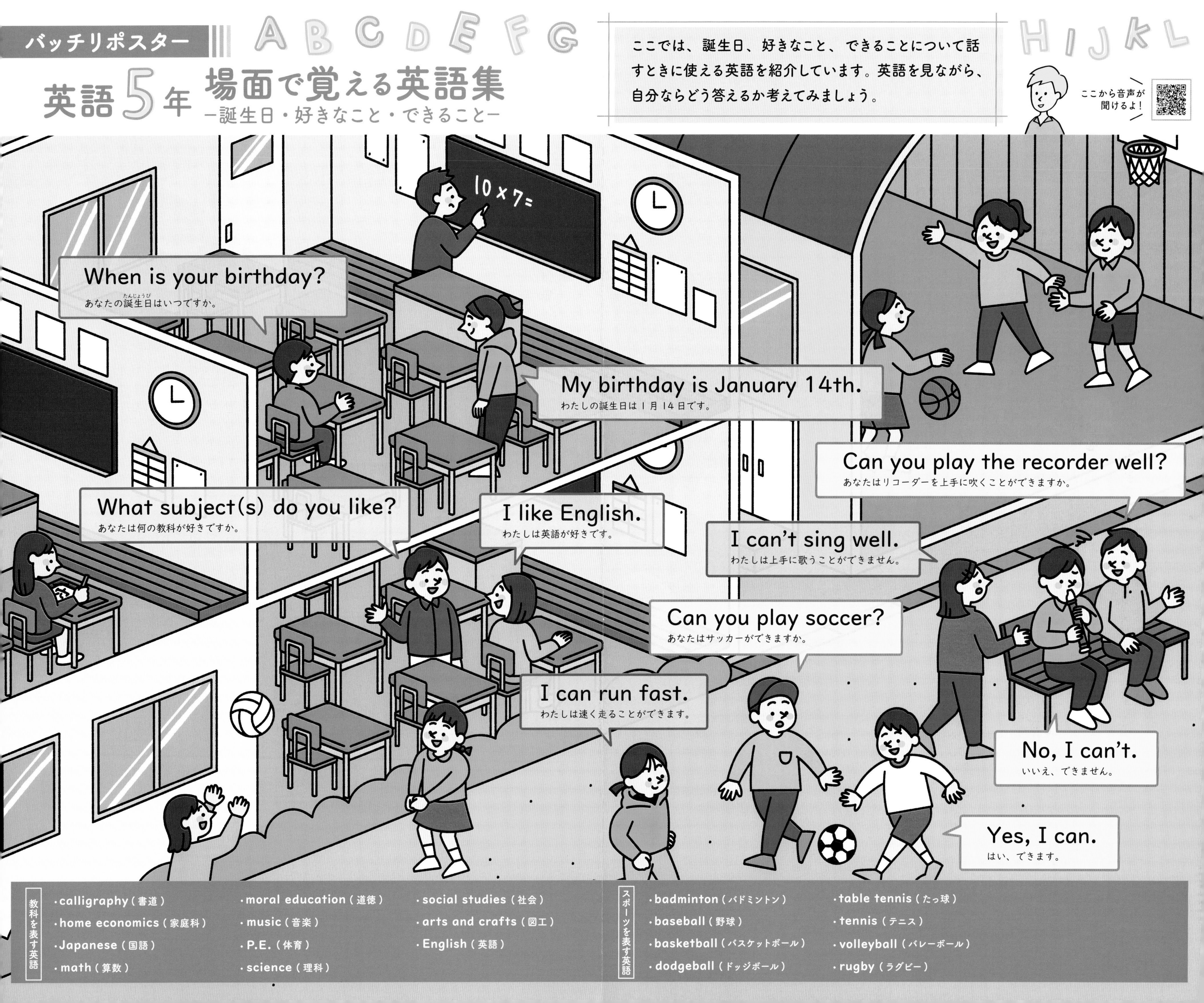
バッチリポスター
英語5年
場面で覚える英語集
ー誕生日・好きなこと・できることー
ここでは、誕生日、好きなこと、できることについて話すときに使える英語を紹介しています。英語を見ながら、自分ならどう答えるか考えてみましょう。
ここから音声が聞けるよ！
When is your birthday?
あなたの誕生日はいつですか。
My birthday is January 14th.
わたしの誕生日は1月14日です。
What subject(s) do you like?
あなたは何の教科が好きですか。
I like English.
わたしは英語が好きです。
Can you play the recorder well?
あなたはリコーダーを上手に吹くことができますか。
I can't sing well.
わたしは上手に歌うことができません。
Can you play soccer?
あなたはサッカーができますか。
I can run fast.
わたしは速く走ることができます。
No, I can't.
いいえ、できません。
Yes, I can.
はい、できます。
10×7=
教科を表す英語
・calligraphy（書道）
・home economics（家庭科）
・Japanese（国語）
・math（算数）
・moral education（道徳）
・music（音楽）
・P.E.（体育）
・science（理科）
・social studies（社会）
・arts and crafts（図工）
・English（英語）
スポーツを表す英語
・badminton（バドミントン）
・baseball（野球）
・basketball（バスケットボール）
・dodgeball（ドッジボール）
・table tennis（たっ球）
・tennis（テニス）
・volleyball（バレーボール）
・rugby（ラグビー）

バッチリポスター
英語5年
場面で覚える英語集
―注文・味の感想―
ここでは、商品の注文や味の感想について話すときに使える英語を紹介しています。英語を見ながら、自分ならどう答えるか考えてみましょう。
ここから音声が聞けるよ！
I'd like hamburger and milk. How much is it?
ハンバーガーと牛乳をいただきたいです。いくらですか。
It's 980 yen.
980円になります。
I'd like salad.
サラダをお願いします。
What would you like?
何になさいますか。
I'd like pizza.
ピザをお願いします。
It's sweet.
あまいです。
I'd like sandwich.
サンドイッチをお願いします。
It's delicious.
おいしいです。
食べものを表す英語
・bread（パン）
・curry and rice（カレーライス）
・fried chicken（フライドチキン）
・omelet（オムレツ）
・rice（米）
・rice ball（おにぎり）
・sausage（ソーセージ）
・soup（スープ）
・spaghetti（スパゲッティ）
・hamburger（ハンバーガー）
・steak（ステーキ）
・salad（サラダ）
・pizza（ピザ）
・sandwich（サンドイッチ）
・French fries（フライドポテト）
・grilled fish（焼き魚）
・pancake（パンケーキ）
・cake（ケーキ）
・ice cream（アイスクリーム）
・shaved ice（かき氷）
・coffee（コーヒー）
・green tea（緑茶）
・tea（紅茶）
・water（水）
・milk（牛乳）
味などを表す英語
・bitter（苦い）
・salty（塩からい）
・sour（すっぱい）
・spicy（ぴりっとした）
・sweet（あまい）
・delicious（おいしい）
・hot（熱い、からい）
・cold（冷たい）
・soft（やわらかい）
・hard（かたい）

音声クイズつき！
イラストでおぼえる
5年
英語カード

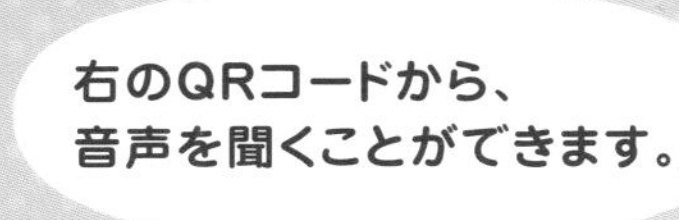
右のQRコードから、
音声を聞くことができます。

1
animal
bear

2
animal
cat

3
animal
dog

4
animal
fish

5
animal
horse

6
animal
lion

7
animal
rabbit

8
animal
snake

9
animal
tiger

10
subject
calligraphy

11
subject
English

12
subject
home economics

13
subject
辞典
第○版
○×堂
Japanese

14
subject
math

使い方

❶音声を聞いて、英語を読んでみましょう。イラストと合わせて覚えましょう。

❷日本語とイラストを見て、英語を言えるか確認(かくにん)してみましょう。

❸音声クイズを聞いて、答えのカードをさがしてみましょう。

1 動物 □ クマ

2 動物 □ ネコ

5 動物 □ ウマ

6 動物 □ ライオン

3 動物 □ イヌ

4 動物 □ 魚

7 動物 □ ウサギ

8 動物 □ ヘビ

9 動物 □ トラ

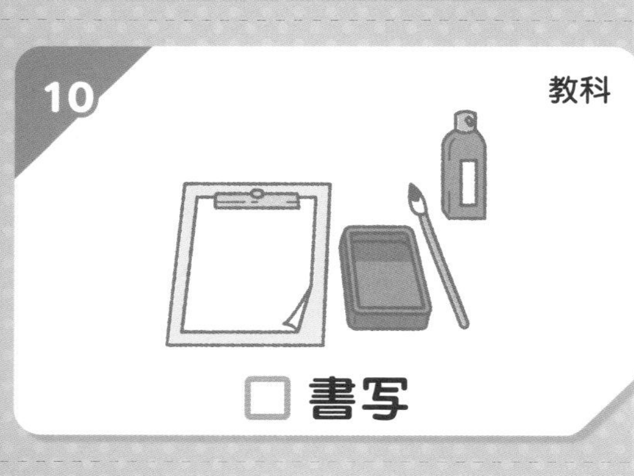

10 教科 □ 書写

11 教科 □ 英語

12 教科 □ 家庭科

13 教科 □ 国語

14 教科 □ 算数

15
subject
moral education
16
subject
music
17
subject
P.E.
18
subject
science
19
subject
social studies
20
sport
badminton
21
sport
baseball
22
sport
basketball
23
sport
dodgeball
24
sport
rugby
25
sport
skiing
26
sport
soccer

27
sport
swimming
28
sport
table tennis
29
sport
tennis
30
sport
volleyball

18
教科
理科
17
教科
体育
16
教科
音楽
15
教科
道徳
22
スポーツ
バスケットボール
21
スポーツ
野球
20
スポーツ
バドミントン
19
教科
社会
26
スポーツ
サッカー
25
スポーツ
スキー
24
スポーツ
ラグビー
23
スポーツ
ドッジボール
30
スポーツ
29
スポーツ
28
スポーツ
たっきゅう
27
スポーツ

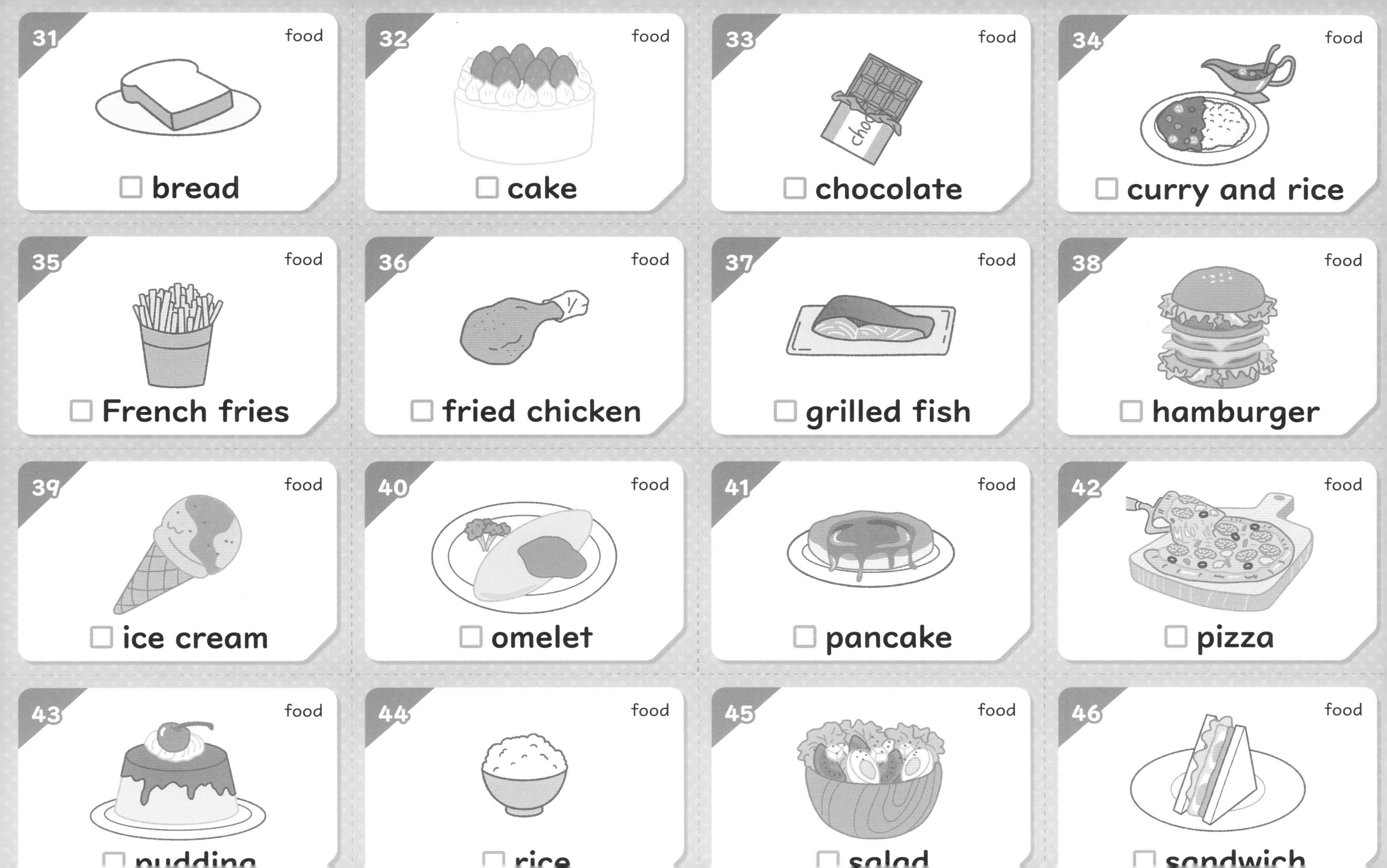

31
food
bread
32
food
cake
33
food
chocolate
34
food
curry and rice
35
food
French fries
36
food
fried chicken
37
food
grilled fish
38
food
hamburger
39
food
ice cream
40
food
omelet
41
food
pancake
42
food
pizza
43
food
pudding
44
food
rice
45
food
salad
46
food
sandwich

34
食べ物
カレーライス
33
食べ物
チョコレート
32
食べ物
ケーキ
31
食べ物
パン
38
食べ物
ハンバーガー
37
食べ物
焼き魚
36
食べ物
フライドチキン
35
食べ物
フライドポテト
42
食べ物
ピザ
41
食べ物
パンケーキ
40
食べ物
オムレツ
39
食べ物
アイスクリーム
46
食べ物
45
食べ物
44
食べ物
43
食べ物

47 food

☐ sausage

48 food

☐ soup

49 food

☐ spaghetti

50 food

☐ steak

51 drink

☐ coffee

52 drink

☐ milk

53 drink

☐ tea

54 drink

☐ water

55 town

☐ amusement park

56 town

☐ aquarium

57 town

☐ bookstore

58 town

☐ castle

59 town

☐ department store

60 town

☐ gym

61 town

☐ hospital

62 town

☐ library

50
食べ物
ステーキ
49
食べ物
スパゲッティ
48
食べ物
スープ
47
食べ物
ソーセージ
54
飲み物
Water
水
53
飲み物
紅茶（こうちゃ）、茶
52
飲み物
MILK
牛乳（ぎゅうにゅう）
51
飲み物
コーヒー
58
町
城
57
町
本
本屋
56
町
水族館
55
町
遊園地
62
町
61
町
60
町
59
町

63 town

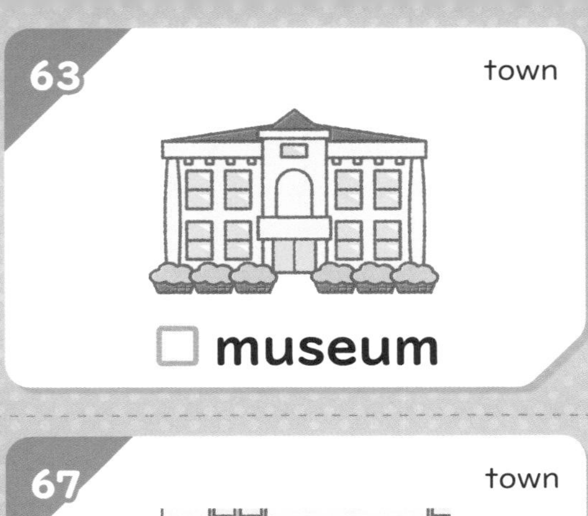

☐ museum

64 town

☐ park

65 town

☐ police station

66 town

☐ post office

67 town

☐ restaurant

68 town

☐ school

69 town

☐ shrine

70 town

☐ stadium

71 town

☐ station

72 town

☐ supermarket

73 town

☐ temple

74 town

☐ zoo

75 color

☐ black

76 color

☐ blue

77 color

☐ brown

78 color

☐ green

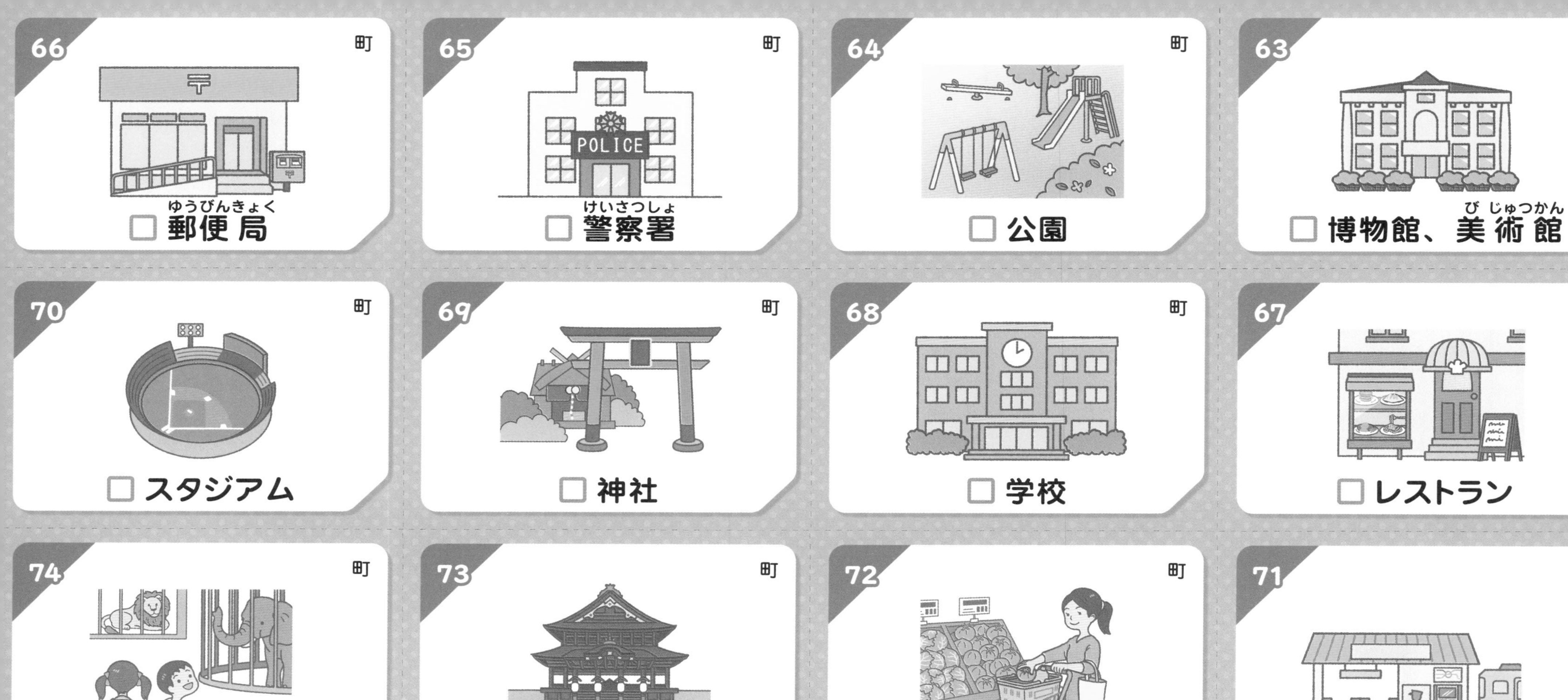

66
町
POLICE
ゆうびんきょく
□ 郵便局
65
町
けいさつしょ
□ 警察署
64
町
□ 公園
63
町
び じゅつかん
□ 博物館、美術館
70
町
□ スタジアム
69
町
□ 神社
68
町
□ 学校
67
町
□ レストラン

74
町
□ 動物園
73
町
□ 寺
72
町
□ スーパーマーケット
71
町
□ 駅

78
色
77
色
76
色
75
色

79 color

☐ orange

80 color

☐ pink

81 color

☐ purple

82 color

☐ red

83 color

☐ white

84 color

☐ yellow

85 state

☐ big

86 state

☐ small

87 state

☐ beautiful

88 state

☐ bitter

89 state

☐ salty

90 state

☐ sour

91 state

☐ cool

92 state

☐ cute

93 state

☐ sweet

94 state

☐ delicious

82 色

□ 赤

81 色

□ むらさき

80 色

□ ピンク

79 色

□ オレンジ色

86 状態(じょうたい)・様子

□ 小さい

85 状態(じょうたい)・様子

□ 大きい

84 色

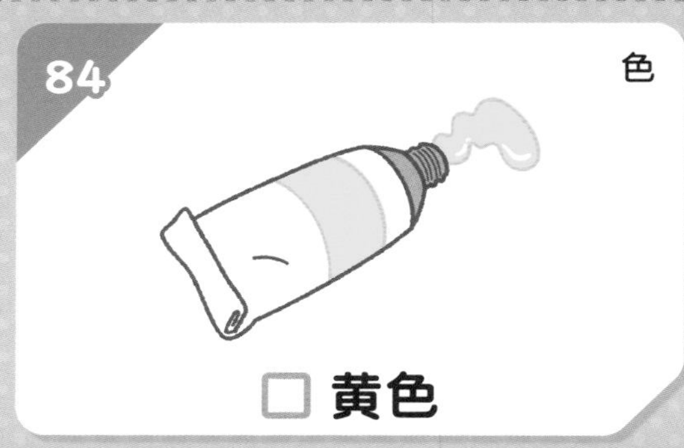

□ 黄色

83 色

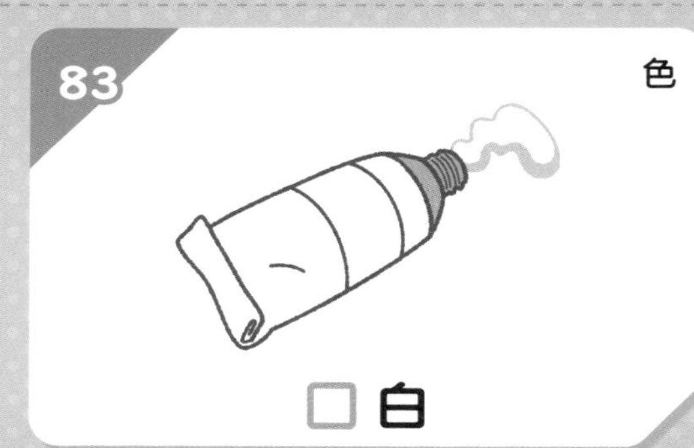

□ 白

90 状態(じょうたい)・様子

□ すっぱい

89 状態(じょうたい)・様子

□ 塩からい

88 状態(じょうたい)・様子

□ 苦い

87 状態(じょうたい)・様子

□ 美しい

94 状態(じょうたい)・様子

93 状態(じょうたい)・様子

92 状態(じょうたい)・様子

91 状態(じょうたい)・様子

95
state
exciting
96
state
famous
97
state
fine
98
state
friendly
99
state
fun
100
state
funny
101
state
good
102
state
great
103
state
happy
104
state
interesting
105
state
kind
106
state
long
107
state
short
108
state
new
109
state
old
110
state
popular

98
状態・様子
友好的な
97
状態・様子
元気な
96
状態・様子
有名な
95
状態・様子
わくわくする
102
状態・様子
すばらしい
101
状態・様子
よい
100
状態・様子
おかしい
99
状態・様子
楽しい
106
状態・様子
長い
105
状態・様子
親切な
104
状態・様子
おもしろい
103
状態・様子
幸せな
110
状態・様子
109
状態・様子
108
状態・様子
107
状態・様子

111
state
sleepy
112
state
smart
113
state
strong
114
state
tired
115
month
January
116
month
February
117
month
March
118
month
April
119
month
May
120
month
June
121
month
July
122
month
August
123
month
124
month
125
month
126
month

114
状態・様子
□ つかれた
113
状態・様子
□ 強い
112
状態・様子
□ かしこい
111
状態・様子
□ ねむい
118
月
□ 4月
117
月
□ 3月
116
月
□ 2月
115
月
□ 1月
122
月
□ 8月
121
月
□ 7月
120
月
□ 6月
119
月
□ 5月
126
月
125
月
124
月
123
月

もくじ

英語5年
東京書籍版
NEW HORIZON Elementary

教科書ぴったりトレーニング

▶3分でまとめ動画

トラック トラック のついているところと、各付録の音声は、右のQRコード、または専用の「ポケットリスニング」のアプリから聞くことができます。
「ポケットリスニング」について、くわしくは表紙の裏をご覧ください。
https://www.shinko-keirin.co.jp/shinko/listening-pittari_training/

スピーキングアプリ のついているところは
専用の「ぴたトレスピーキング」のアプリで学習します。
くわしくは97ページをご覧ください。

ぴったり1 準備

3分でまとめ

学習日　　月　　日

アルファベットを学ぼう
大文字

アルファベット　大文字

ききトリ　音声でアルファベットの音を聞いて、後に続いて言ってみましょう。　トラック0

□ U ユー　□ V ヴィー　□ W ダブリュー　□ X エクス　□ Y ワイ　□ Z ズィー

☑ 発音したらチェック

ぴったり2

練習

学習日　　月　　日

※アルファベットの書き順は目安です。
※この本では英語の発音をよく似たカタカナで表しています。
めやすと考え、音声で正しい発音を確かめましょう。

かきトリ　声に出して文字をなぞった後、自分で2回ぐらい書いてみましょう。　できたらチェック！　書く　話す

① A
② B
③ C
④ D
⑤ E
⑥ F
⑦ G
⑧ H
⑨ I
⑩ J
⑪ K
⑫ L
⑬ M
⑭ N
⑮ O
⑯ P
⑰ Q
⑱ R
⑲ S
⑳ T
㉑ U
㉒ V
㉓ W
㉔ X
㉕ Y
㉖ Z

ヒント
大文字は、一番上の線から3番目の線までの間に書くよ。

ぴったり1 準備

アルファベットを学ぼう 小文字

学習日　　月　　日

アルファベット　小文字

ききトリ　アルファベットをリズムに乗って言ってみましょう。　トラック0

☑ 発音したらチェック

ぴったり2

練習

学習日　月　日

※アルファベットの書き順は目安です。
※この本では英語の発音をよく似たカタカナで表しています。
めやすと考え、音声で正しい発音を確かめましょう。

かきトリ　声に出して文字をなぞった後、自分で2回ぐらい書いてみましょう。　できたらチェック！　書く　話す

① a
② b
③ c
④ d
⑤ e
⑥ f
⑦ g
⑧ h
⑨ i
⑩ j
⑪ k
⑫ l
⑬ m
⑭ n
⑮ o
⑯ p
⑰ q
⑱ r
⑲ s
⑳ t
㉑ u
㉒ v
㉓ w
㉔ x
㉕ y
㉖ z

ヒント

bとdのように、形の似ているアルファベットがいくつかあるね。

★英語を書くときのルール★

英語を書くときは、日本語とはちがうルールがいくつかあります。
次からのページで英語を書くときは、ここで学ぶことに気をつけましょう。

❶ 単語(たんご)の中の文字どうしはくっつけて書き、単語どうしははなして書く！

Good morning. I'm Saori.

Good のように、1文字1文字がはなれないようにしよう。

↑ 単語と単語の間は、少しあけるよ。　↑ 文と文の間は、1 文字程度あけるよ。

❷ 文の最初(さいしょ)の文字は大文字で書く！

Good morning.

× good morning.

Yes, I do.

I は文のどこでも大文字だよ。

▶ 以下(いか)のような単語は文のどこでも大文字で始めます。

人の名前　Olivia

国名　Japan

地名　Osaka

❸ 文の終わりにはピリオド（.）をつける！

Nice to meet you.

Good idea!

強調するときなどに使うエクスクラメーションマーク（!）をつけるときは ピリオドはなくてよいよ。

❹ たずねる文の終わりには、ピリオドのかわりにクエスチョンマーク（?）をつける！

How are you?

× How are you.

❺ 単語の間にはコンマ（,）をつけることがある！

Yes, it is.

Yes や No のあとにはコンマ（,）を入れるよ。

★数字を表す英語のルール★

トラック0

ものの個数や値段（ねだん）、年れいを表す数字と、日づけなどに使う数字の２通りを知っておきましょう。

ものの個数や値段、年れいを表す数字

1 one	2 two	3 three	4 four	5 five
6 six	7 seven	8 eight	9 nine	10 ten
11 eleven	12 twelve	13 thirteen	14 fourteen	15 fifteen
16 sixteen	17 seventeen	18 eighteen	19 nineteen	20 twenty
21 twenty-one	22 twenty-two	23 twenty-three	24 twenty-four	25 twenty-five
26 twenty-six	27 twenty-seven	28 twenty-eight	29 twenty-nine	30 thirty
40 forty	50 fifty	60 sixty	70 seventy	80 eighty
90 ninety	100 one hundred			

（例） three apples（3つのりんご）

日づけを表す数字

1st first	2nd second	3rd third	4th fourth	5th fifth	6th sixth	7th seventh
8th eighth	9th ninth	10th tenth	11th eleventh	12th twelfth	13th thirteenth	14th fourteenth
15th fifteenth	16th sixteenth	17th seventeenth	18th eighteenth	19th nineteenth	20th twentieth	21st twenty-first
22nd twenty-second	23rd twenty-third	24th twenty-fourth	25th twenty-fifth	26th twenty-sixth	27th twenty-seventh	28th twenty-eighth
29th twenty-ninth	30th thirtieth	31st thirty-first				

（例） My birthday is April 1st.
（わたしの誕生日（たんじょうび）は4月1日です。）

Let's Start! ①

学習日　　月　　日

めあて
自分の体の調子や気分を伝えることができる

教科書　6～7ページ

自分の体の調子や気分の伝え方

音声を聞き、声に出してみましょう。　トラック1～2

ハウ　アー　ユー
How are you?
元気ですか。

アイム　ファイン
I'm fine.
元気です。

せつめい
たずねる　How are you?　で、「元気ですか。」とたずねることができます。
こたえる　I'm ～.　で、「わたしは～です。」と、そのときの自分の体の調子や気分を答えることができます。**I'm**は**I am**の短縮形(たんしゅくけい)(短くした言い方)で「わたしは～です」という意味です。ここでの「～」には、**fine**(元気な)など体の調子や気分を表す言葉が入ります。

ききトリ　音声を聞き、英語の言葉を言いかえて、文を読んでみましょう。　トラック3～4

How are you?

How are you? はあいさつによく使われる表現(ひょうげん)だよ。

I'm **fine** .

いいかえよう　体の調子や気分を表す言葉

□good(良い、元気な) 	□sleepy(ねむい) 	□hungry(空腹(くうふく)な) 
□sick(気分が悪い) 	□thirsty(のどがかわいた) 	□great(すごい、とても元気な) 
□sad(悲しい) 	□happy(楽しい、幸せな) 	□tired(つかれた) 

これを知ったらワンダフル!

「良くも悪くもない」と伝えたいときは
I'm OK.
(だいじょうぶです。)
Not bad.(悪くないよ。)
などがあるよ。
Not bad.は「良い」に近い感じの「悪くない」なんだ。

小冊子(しょうさっし)のp.4～5で、もっと言葉や表現を学ぼう！

ぴったり2

練習

学習日　　月　　日

答えはこのページの下にあるよ！

日本語の「はじめまして。」にあたる言葉はどれかな？　答えは1つとは限(かぎ)らないよ。　① Hello.　② Hi.　③ Nice to meet you.

教科書　6〜7ページ

かきトリ　英語をなぞり、声に出してみましょう。

できたらチェック！　書く　話す

□良い、元気な　good

□ねむい　sleepy

□すごい、とても元気な　great

□気分が悪い　sick

□悲しい　sad

□のどがかわいた　thirsty

□空腹な　hungry

□つかれた　tired

□楽しい、幸せな　happy

□元気ですか。　How are you?

□元気です。　I'm fine.

ヒント：great の ea は【エイ】と発音するよ。

▶読み方が分からないときは、左のページにもどって音声を聞いてみましょう。

やりトリ　自分はどう答えるかを書いて、声に出してみましょう。

できたらチェック！　書く　話す

How are you?

I'm ＿＿＿＿＿.

元気かどうかたずねてくれたことにThank you.(ありがとう。)と伝えて、同じことを相手にもたずねよう。

▶あてはめる英語は、左のページや付録の小冊子、教科書や辞書などから探(さが)してみよう！

答える練習ができたら、次はだれかに質問(しつもん)してみよう！

ぴったりクイズの答え

①②③　全部が正解(せいかい)だよ。Hello.やHi.も「はじめまして。」という意味で使えるよ。Nice to meet you.はNiceをHappyやGladに代えてもOKだよ。

ぴったり1 準備

Let's Start! ②

学習日 月 日

めあて
どんな天気かを伝えることができる

教科書 6~7ページ

天気の伝え方

ききトリ 音声を聞き、声に出してみましょう。 トラック5~6

せつめい
たずねる How is the weather? で、「天気はどうですか。」とたずねることができます。
こたえる It's ～. で、「～です。」と天気を答えることができます。Itは日本語にしません。
ここでの「～」には、sunny(晴れている)やrainy(雨がふっている)など、天気を表す言葉が入ります。

ききトリ 音声を聞き、英語の言葉を言いかえて、文を読んでみましょう。 トラック7~8

How is the weather?

It's sunny.

ワンポイント
「晴れていて暑い」など2つのことがらを言うときはsunny and hotのようにand(～と)を使うよ。

いいかえよう 天気(weather)を表す言葉

□cloudy(くもった)

□windy(風の強い)

□rainy(雨がふっている)

□snowy(雪がふっている)

□cold(寒い)

□hot(暑い)

これを知ったらワンダフル!
sunnyとcloudyのどちらともつかないけれど「いい天気」のときはbeautifulやniceを使って表せるよ。そのときはふつうweatherをつけるよ。
(例)
It's beautiful weather.
(いい天気です。)

ぴったり 2

練習

学習日　月　日

? ぴったりクイズ　答えはこのページの下にあるよ！

日本やヨーロッパでは温度を摂氏(せっし)〜℃(ど)で表すけれど、アメリカでは主に華氏(かし)〜℉(ど)と表すよ。0℃は華氏では何度になるかな？　① 8℉　② 16℉　③ 32℉

教科書　6〜7 ページ

かきトリ　英語をなぞり、声に出してみましょう。

できたらチェック！　書く　話す

□寒い
cold

□暑い
hot

□風の強い
windy

□くもった
cloudy

□雪がふっている
snowy

□雨がふっている
rainy

□天気はどうですか。
How is the weather?

□晴れています。
It's sunny.

ヒント
cloudy の ou は【アウ】と読むよ。

▶読み方が分からないときは、左のページにもどって音声を聞いてみましょう。

やりトリ　自分はどう答えるかを書いて、声に出してみましょう。

できたらチェック！　書く　話す

How is the weather?

It's ＿＿＿＿＿＿.

つたえるコツ
ある地域(ちいき)の天気をたずねるときは、文の最後にin Tokyo（東京の）のように〈in＋地名〉をつけるよ。

▶あてはめる英語は、左のページや付録の小冊子(しょうさっし)、教科書や辞書などから探(さが)してみよう！

答える練習ができたら、次はだれかに質問(しつもん)してみよう！

ぴったりクイズの答え　③　0℃＝32℉だよ。30℃はなんと86℉になるんだ。数字だけ聞くとびっくりするよね！

ぴったり1 準備

Let's Start! ③

学習日 月 日

めあて
身近なものの数を答えることができる

教科書 6～7 ページ

数の伝え方

ききトリ 音声を聞き、声に出してみましょう。 トラック9～10

せつめい
たずねる How many? で、「いくつですか。」とものの数をたずねることができます。
こたえる 〈数(字)＋(数えられる)ものを表す言葉.〉 で、「～です。」と数を答えることができます。

ききトリ 音声を聞き、英語の言葉を言いかえて、文を読んでみましょう。 トラック11～12

How many?

Ten apples.

ワンポイント
manyは「たくさんの」という意味。数えられるものについて「いくつですか。」とたずねるときに使う表現だよ。

いいかえよう 数(number)を表す言葉

□two
(2、2個の、2人の)

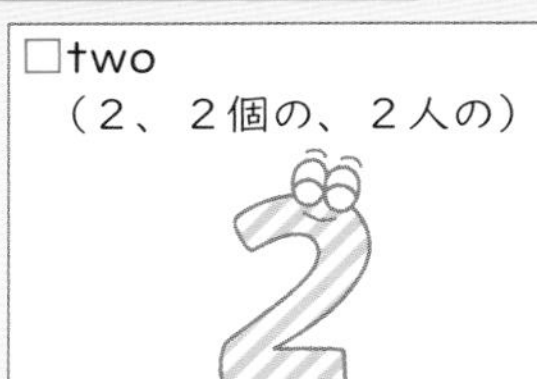

□three
(3、3個の、3人の)

□four
(4、4個の、4人の)

□five
(5、5個の、5人の)

□six
(6、6個の、6人の)

□seven
(7、7個の、7人の)

□eight
(8、8個の、8人の)

□nine
(9、9個の、9人の)

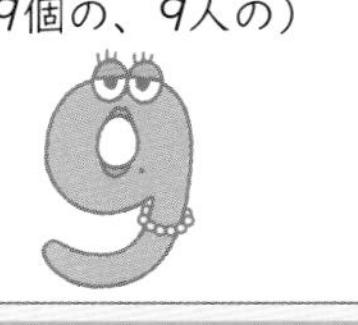

□fifteen
(15、15個の、15人の)

□twenty
(20、20個の、20人の)

これを知ったらワンダフル!
2つ以上のものを表すときは言葉の最後にsやesをつけて複数形にするよ。

これを知ったらワンダフル!
1つのものを表すときは前にone、またはa[an]を置くんだ。appleのようにア・イ・ウ・エ・オの音で始まる言葉にはanを使うよ。
(例)
An[One] apple.
(リンゴ1個です。)

ぴったり2

練習

学習日　　月　　日

? ぴったりクイズ　答えはこのページの下にあるよ！

数を数えるとき、日本では「正」の字を書くことがあるけれど、アメリカでは何を書くのかな？　① 1、2と数字を書く　② 線を縦に左から1本、2本と引いていく　③ 線を横に上から1本、2本と引いていく

教科書　6～7ページ

かきトリ　英語をなぞり、声に出してみましょう。

できたらチェック！ 書く 話す

□2、2個の、2人の
two

□3、3個の、3人の
three

□4、4個の、4人の
four

□5、5個の、5人の
five

□6、6個の、6人の
six

□7、7個の、7人の
seven

□8、8個の、8人の
eight

□9、9個の、9人の
nine

□20、20個の、20人の
twenty

ヒント
eight の gh は発音しないよ。

□いくつですか。
How many?

□リンゴ10個です。
Ten apples.

▶読み方が分からないときは、左のページにもどって音声を聞いてみましょう。

やりトリ　自分はどう答えるかを書いて、声に出してみましょう。

できたらチェック！ 書く 話す

How many?

＿＿＿＿ apples.

つたえるコツ
何の数を聞きたいのか分かりづらいときは、How many apples?のようにものの名前を入れて聞こう。

▶あてはめる英語は、左のページや付録の小冊子、教科書や辞書などから探してみよう！

答える練習ができたら、次はだれかに質問してみよう！

ぴったりクイズの答え　② 縦の線を左から順に4本書いて、5本目をその4本に対してななめに引くんだ。「5」は「卌」となるよ。

Unit 1 Hello, friends! ①

学習日　　月　　日

めあて
自分の名前のつづりを答えることができる

教科書　8～15ページ

自分の名前のつづりの伝え方

音声を聞き、声に出してみましょう。　トラック13～14

ハウ ドゥ ユー スペル ユア ネイム
How do you spell your name?
あなたはあなたの名前をどのようにつづりますか。

エイ ケイ アイ エン エイ　アキナ
A-K-I-N-A. Akina.
A-K-I-N-Aです。アキナです。

せつめい

たずねる　How do you spell your name?　で、相手の名前のつづりをたずねることができます。

こたえる　アルファベットで名前のつづりをはじめから1文字ずつ区切って答えます。そのあとに何と読むかを続けます。

ききトリ　音声を聞き、英語の言葉を言いかえて、文を読んでみましょう。

How do you spell your name?

A-K-I-N-A. Akina.

ワンポイント
日本の名前はローマ字で表したときのつづりを答えるよ。

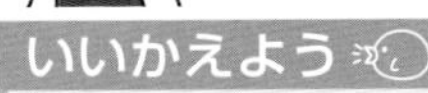

つづり(spell)と名前(name)を表す言葉

□S-O-P-H-I-A
Sophia(ソフィア)

□D-A-I-C-H-I
Daichi(ダイチ)

□S-A-K-I
Saki(サキ)

□T-A-K-A-S-H-I
Takashi(タカシ)

□S-A-K-U-R-A
Sakura(サクラ)

□L-U-C-A-S
Lucas(ルーカス)

ローマ字表記の中には注意すべきものがあるよ。
シ → shi
チ → chi
ツ → tsu
フ → fu
ジ・ヂ → ji
ズ・ヅ → zu

ぴったり2

練習

学習日　月　日

ぴったりクイズ　答えはこのページの下にあるよ！

英語のRobert(ロバート)という名前の短縮形(短くした呼び方)は次のうちどれかな？　① Bob　② Bill　③ Ben

教科書　8〜15ページ

かきトリ　英語をなぞり、声に出してみましょう。

できたらチェック！　書く　話す

□ダイチ
Daichi

□サクラ
Sakura

□サキ
Saki

□タカシ
Takashi

□ルーカス
Lucas

□ソフィア
Sophia

ヒント
ローマ字の「シ」はshiとつづるよ。

□あなたはあなたの名前をどのようにつづりますか。
How do you spell your name?

□A-K-I-N-Aです。
A-K-I-N-A.

□アキナです。
Akina.

▶読み方が分からないときは、左のページにもどって音声を聞いてみましょう。

やりトリ　自分はどう答えるかを書いて、声に出してみましょう。

できたらチェック！　書く　話す

How do you spell your name?

______________. ______________.

つたえるコツ
急がなくてよいので、つづりは1文字ずつはっきり発音しよう。

▶アルファベットは、左のページや付録の小冊子、教科書や辞書などから探してみよう！

答える練習ができたら、次はだれかに質問してみよう！

ぴったりクイズの答え　①　②はWilliam(ウィリアム)、③はBenjamin(ベンジャミン)の短縮形だよ。

ぴったり1 準備

Unit 1 Hello, friends! ②

学習日　　月　　日

めあて
好きなもの・ことを相手にたずねることができる

教科書 8～15 ページ

好きなもの・ことのたずね方

ききトリ 音声を聞き、声に出してみましょう。　トラック17～18

(フ)ワット　サブヂェクト　ドゥ　ユー　ライク
What subject do you like?
あなたは何の教科が好きですか。

アイ　ライク　ピー イー
I like P.E.
わたしは体育が好きです。

せつめい
たずねる　What ～ do you like?　で、「あなたは何の～が好きですか。」とたずねることができます。このとき、「～」には聞きたいもの・ことを表す言葉が入ります。
こたえる　I like ～.　で、「わたしは～が好きです。」と答えることができます。ここでの「～」には、好きなもの・ことを具体的に表す言葉が入ります。

ききトリ 音声を聞き、英語の言葉を言いかえて、文を読んでみましょう。　トラック19～22

What subject do you like?（あなたは何の教科が好きですか。）と聞かれたとき

What subject do you like?　I like P.E.

いいかえよう　subject（教科）を表す言葉

□English（英語）

□science（理科）

□math（算数）

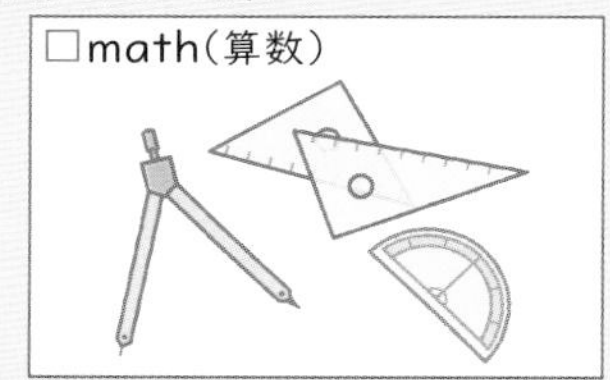

□Japanese（国語）

□music（音楽）

□arts and crafts（図画工作）

ワンポイント
「What＋もの・ことを表す言葉」で「何の［どんな］～」という意味を表すよ。

What food do you like?（あなたは何の食べ物が好きですか。）と聞かれたとき

What food do you like?　I like pizza.

いいかえよう　food（食べ物）を表す言葉

□curry and rice（カレーライス）

□bread（パン）

□salad（サラダ）

□steak（ステーキ）

□spaghetti（スパゲッティ）

□fried noodles（焼きそば）

これを知ったらワンダフル！
P.E.についているピリオド「.」は文字が省略されていることを示すよ。physical educationを略してP.E.と表しているんだ。

小冊子のp.10～13で、もっと言葉や表現を学ぼう！

ぴったり2

練習

学習日　月　日

ぴったりクイズ　答えはこのページの下にあるよ！

アメリカ人の国民的料理は何かな？
① パスタ　② バーベキュー　③ シチュー

教科書　8〜15ページ

かきトリ　英語をなぞり、声に出してみましょう。

できたらチェック！　書く　話す

□算数
math

□音楽
music

ヒント
English と Japanese は大文字で始めるよ。

□国語
Japanese

□英語
English

□理科
science

□食べ物
food

□ピザ
pizza

□カレーライス
curry and rice

□サラダ
salad

□あなたは何の教科が好きですか。
What subject do you like?

□わたしは体育が好きです。
I like P.E.

▶読み方が分からないときは、左のページにもどって音声を聞いてみましょう。

やりトリ　自分はどう答えるかを書いて、声に出してみましょう。

できたらチェック！　書く　話す

What food do you like?

I like ______.

つたえるコツ
What food(何の食べ物)と聞かれたときは、料理名・食品名のどちらを答えてもOK！

▶あてはめる英語は、左のページや付録の小冊子、教科書や辞書などから探(さが)してみよう！

答える練習ができたら、次はだれかに質問(しつもん)してみよう！

ぴったりクイズの答え　②　①はイタリア、③はフランスの国民的料理だよ。

ぴったり1 準備

Unit 1 Hello, friends! ③

学習日　　月　　日

めあて
好きなもの・ことを相手にたずねることができる

教科書 8〜15ページ

好きなもの・ことのたずね方

ききトリ 音声を聞き、声に出してみましょう。　トラック23〜24

(フ)ワット　アニマルズ　ドゥ　ユー　ライク
What animals do you like?
あなたは何の動物が好きですか。

アイ　ライク　キャッツ
I like cats.
わたしはネコが好きです。

せつめい

たずねる What ～ do you like? で、「あなたは何の～が好きですか。」とたずねることができます。このとき、「～」に入る言葉は複数形(ふくすうけい)のこともあります。

こたえる I like ～. で、「わたしは～が好きです。」と答えることができます。ここでの「～」には、好きなもの・ことを具体的に表す言葉が入ります。

ききトリ 音声を聞き、英語の言葉を言いかえて、文を読んでみましょう。　トラック25〜28

What animals do you like?(あなたは何の動物が好きですか。)と聞かれたとき

What animals do you like?　**I like cats .**

いいかえよう　animal(動物)を表す言葉

□dogs(イヌ)　□pandas(パンダ)　□lions(ライオン)

□bears(クマ)　□rabbits(ウサギ)　□giraffes(キリン)

ワンポイント
I like ～.に続く動物の名前はsのついた複数形にしよう。

What sport do you like?(あなたは何のスポーツが好きですか。)と聞かれたとき

What sport do you like?　**I like soccer .**

いいかえよう　sport(スポーツ)を表す言葉

□baseball(野球)　□tennis(テニス)　□basketball(バスケットボール)

□rugby(ラグビー)　□badminton(バドミントン)　□swimming(水泳)

これを知ったらワンダフル!
"I(わたしは)"→"like(好きだ)"→"soccer(サッカーが)"のように、日本語とはちがった順番で言葉が並(なら)んでいるね。

小冊子(しょうさっし)のp.8〜9、16〜17で、もっと言葉や表現(ひょうげん)を学ぼう！

ぴったり2

練習

学習日　月　日

ぴったりクイズ 答えはこのページの下にあるよ！

ホットドッグは、中のソーセージが、あるイヌの形に似(に)ていたことからつけられた名前だよ。そのイヌは何かな？

教科書　8～15ページ

かきトリ　英語をなぞり、声に出してみましょう。

できたらチェック！　書く　話す

□ウサギ　rabbits

□パンダ　pandas

□イヌ　dogs

□キリン　giraffes

ヒント
giraffe の ff や rabbit の bb は文字が 2 つ並んでいるけれど、1 つしか読まないよ。

□スポーツ　sport

□サッカー　soccer

□テニス　tennis

□ラグビー　rugby

□野球　baseball

□あなたは何の動物が好きですか。

What animals do you like?

□わたしはネコが好きです。

I like cats.

▶読み方が分からないときは、左のページにもどって音声を聞いてみましょう。

やりトリ　自分はどう答えるかを書いて、声に出してみましょう。

できたらチェック！　書く　話す

What sport do you like?

I like ＿＿＿＿＿＿.

つたえるコツ
3種類以上のものを答えたいときは最後だけandをつけるよ。このとき、andの直前の,（コンマ）は省略(しょうりゃく)されることもあるよ。
(例)I like A, B, C, and D.

▶あてはめる英語は、左のページや付録の小冊子、教科書や辞書などから探(さが)してみよう！

答える練習ができたら、次はだれかに質問(しつもん)してみよう！

ぴったりクイズの答え　ダックスフントだよ。細長いところが似てるね！

Unit 1-① Hello, friends!

教科書 8～15ページ　答え 2ページ

1 音声を聞き、読まれているつづりの名前を㋐～㋒から選び、（　　）に記号を書きましょう。　トラック29

技能　1問5点(10点)

㋐ Sophia　㋑ Saki　㋒ Akina

(1)（　　　）　(2)（　　　）

2 音声を聞き、それぞれの人物と好きな食べ物を、線で結びましょう。　トラック30

技能　1問15点(45点)

(1)

Daichi

(2)

Lucas

(3)

Sakura

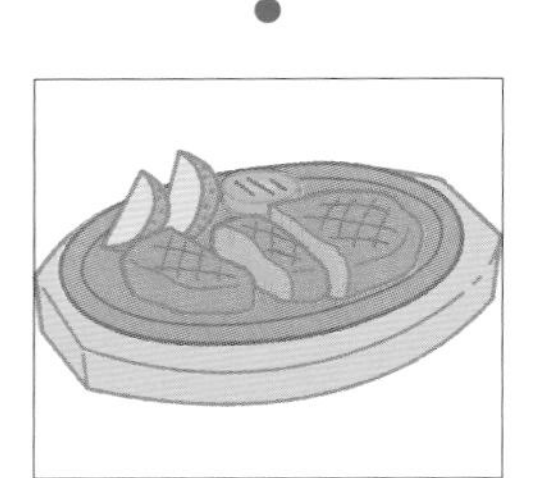

ふりかえり　❷が分からないときは、16ページにもどって確認してみよう。

学習日　　月　　日

3 日本文に合う英語の文になるように、[　　]の中から語を選び、[　　]に書き、文全体をなぞりましょう。文の最初の文字は大文字で書きましょう。

1つ5点(15点)

(1) あなたは何の教科が好きですか。

[　　] [　　] do you like?

(2) ((1)に答えて)わたしは理科が好きです。

I like [　　].

subject　　what　　science

4 エレンが3つの質問(しつもん)をされて答えています。それぞれの答えの文に合う質問文を[　　]の中から選び、[　　]に書きましょう。

思考・判断・表現　　1問10点(30点)

エレン

(1) ＿＿＿＿＿＿＿＿＿＿

— E-L-L-E-N. Ellen.

(2) ＿＿＿＿＿＿＿＿＿＿

— I like dogs.

(3) ＿＿＿＿＿＿＿＿＿＿

— I like soccer.

What sport do you like?　　What animals do you like?

How do you spell your name?

3分でまとめ

Unit 1 Hello, friends! ④

学習日　　月　　日

めあて
あるもの・ことが好きかどうか相手にたずねることができる

教科書　8〜15ページ

好きかどうかのたずね方

ききトリ　音声を聞き、声に出してみましょう。　トラック31〜32

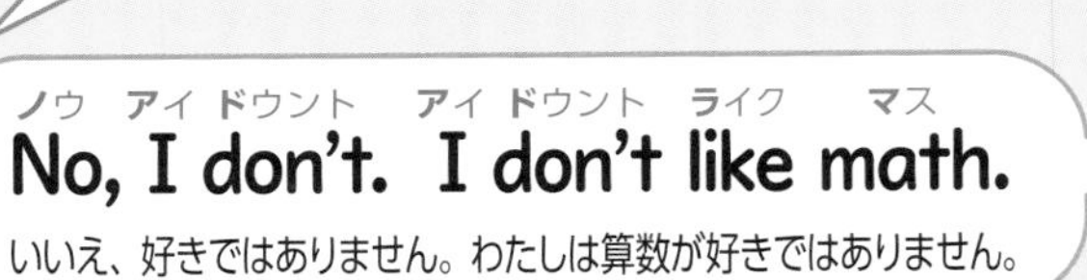

イエス アイ ドゥ
Yes, I do. はい、好きです。

ノウ アイ ドウント アイ ドウント ライク マス
No, I don't. I don't like math.
いいえ、好きではありません。わたしは算数が好きではありません。

せつめい

たずねる　**Do you like 〜?** で、「あなたは〜が好きですか。」とたずねることができます。

こたえる　**Yes, I do. / No, I don't.** で、「はい。/ いいえ。」と答えることができます。
Noと答えたあと、**I don't like 〜.**（わたしは〜が好きではありません。）と続けて言うこともあります。

ききトリ　音声を聞き、英語の言葉を言いかえて、文を読んでみましょう。　トラック33〜34

Do you like **math** ?

ワンポイント
Do you 〜?で聞かれたら、doを使ってYesまたはNoで答えるよ。

いいかえよう　教科(subject)、飲み物(drink)、食べ物(food)、色(color)を表す言葉

□English(英語)

□coffee(コーヒー)

□green(緑)

□Japanese(国語)

□salad(サラダ)

□brown(茶、茶色)

□music(音楽)
□social studies(社会科)

□bread(パン)
□soup(スープ)

□pink(もも色)
□purple(むらさき)

これを知ったらワンダフル!
No, I don't.で「好きではありません。」と答えたあと、I like 〜.の文で好きなものについて相手に伝えてもいいよ。

「はい」で答える場合

Yes, I do.

「いいえ、わたしは〜が好きではありません。」と答える場合

No, I don't. I don't like math.

ぴったり2

練習

学習日　　月　　日

? ぴったりクイズ　答えはこのページの下にあるよ！

日本の小学校では行われている授業で、アメリカの小学校ではほとんど行われていないものはどれかな？　答えは1つとは限らないよ。

① 家庭科　② 道徳　③ 水泳

教科書　8〜15 ページ

かきトリ　英語をなぞり、声に出してみましょう。

できたらチェック！　書く　話す

□英語　English

□サラダ　salad

□音楽　music

□コーヒー　coffee

□国語　Japanese

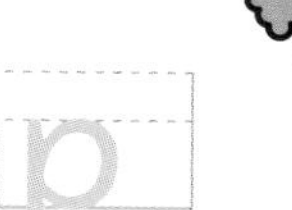

ヒント　coffee の f と e はそれぞれ 2 つずつ続くよ。

□緑　green

□茶、茶色　brown

□スープ　soup

□あなたは算数が好きですか。　Do you like math?

□はい、好きです。　Yes, I do.

□いいえ、好きではありません。　No, I don't.

□あなたは社会科が好きですか。　Do you like social studies?

▶読み方が分からないときは、左のページにもどって音声を聞いてみましょう。

やりトリ　相手の好きな教科をたずね、声に出してみましょう。

できたらチェック！　書く　話す

Do you like ＿＿＿＿＿＿＿＿？

Yes, I do.

つたえるコツ

相手に同じ質問を返したいときはHow about you?（あなたはどうですか。）と言うよ。

▶あてはめる英語は、左のページや付録の小冊子、教科書や辞書などから探してみよう！

自分の知りたいことを、相手に質問してみよう！

ぴったりクイズの答え　①②③　全部が正解だよ。この中で家庭科だけは、中学校や高校で選べば学べるよ。

Unit 1 Hello, friends! ⑤

学習日 月 日

めあて 相手をスポーツにさそうことができる

教科書 8〜15ページ

スポーツへのさそい方

ききトリ 音声を聞き、声に出してみましょう。 トラック35〜36

Let's play soccer.（レッツ プレイ サ(ー)カァ）
サッカーをしましょう。

Sounds nice!（サウンズ ナイス）
いいですね！

せつめい
つたえる Let's play ～. で、「～(スポーツを)しましょう。」と相手をさそうことができます。「～」にはスポーツを表す言葉が入ります。
こたえる さそいに賛成(さんせい)するときはSounds nice!(いいですね！)などの表現(ひょうげん)を使います。

ききトリ 音声を聞き、英語の言葉を言いかえて、文を読んでみましょう。 トラック37〜38

Let's play soccer.

いいかえよう スポーツ(sport)を表す言葉

□baseball(野球)

□softball(ソフトボール)

□basketball(バスケットボール)

□volleyball(バレーボール)

□tennis(テニス)

□badminton(バドミントン)

□dodgeball(ドッジボール)

□table tennis(卓球(たっきゅう))

□rugby(ラグビー)

Sounds nice!

ワンポイント
playは「～(スポーツ)をする、～(楽器)を演奏(えんそう)する」という意味があるよ。

これを知ったらワンダフル!
さそいに賛成するときは、ほかの表現もあるよ。
Yes, let's.(はい、しましょう。)
OK.(いいですよ。)
ことわるときは
No, let's not.(いいえ、よしましょう。)
などがあるよ。

小冊子(しょうさっし)のp.8〜9で、もっと言葉や表現を学ぼう！

ぴったり2

練習

学習日　月　日

ぴったりクイズ　答えはこのページの下にあるよ！

アメリカで２月に行われるスポーツの最大イベント、スーパーボウルとは、何のスポーツの優勝決定戦かな？

教科書　8〜15ページ

かきトリ　英語をなぞり、声に出してみましょう。

できたらチェック！　書く　話す

□野球
baseball

□ソフトボール
softball

ヒント
badminton は ba を強く読むよ。

□バスケットボール
basketball

□テニス
tennis

□バレーボール
volleyball

□バドミントン
badminton

□ドッジボール
dodgeball

□ラグビー
rugby

□サッカーをしましょう。
Let's play soccer.

□いいですね！
Sounds nice!

▶読み方が分からないときは、左のページにもどって音声を聞いてみましょう。

やりトリ　スポーツにさそう文を完成させて、声に出してみましょう。

できたらチェック！　書く　話す

Let's play ＿＿＿＿＿＿＿＿.

Sounds nice!

つたえるコツ

Let's 〜.は「いっしょに〜しましょう。」という意味なので、自分が参加しないときは使わないよ。

▶あてはめる英語は、左のページや付録の小冊子、教科書や辞書などから探(さが)してみよう！

自分がしたいスポーツにだれかをさそってみよう！

ぴったりクイズの答え　アメリカンフットボールだよ。アメリカ人に最も人気のあるスポーツがアメリカンフットボールなんだ。

Unit 1-② Hello, friends!

教科書 8〜15ページ　答え 3ページ

1 音声を聞き、内容に合う絵を㋐〜㋒から選び、(　　)に記号を書きましょう。

トラック39

技能　1問10点(20点)

㋐

㋑

㋒

(1) (　　　　)　(2) (　　　　)

2 音声を聞き、それぞれの人物と好きな教科・好きなスポーツを、線で結びましょう。

トラック40

技能　1問完答10点(30点)

(1)

Sophia

(2)

Takashi

(3)

Saki

ふりかえり　❷が分からないときは、16・18ページにもどって確認してみよう。

学習日　　月　　日

3 日本文に合う英語の文になるように、□の中から語を選び、□に書き、文全体をなぞりましょう。文の最初の文字は大文字で書きましょう。

1つ4点(20点)

(1) バスケットボールをしましょう。

□ play □.

(2) ((1)に答えて)いいですね！

Sounds □!

(3) わたしは算数が好きではありません。

I □ like □.

don't　nice　basketball　math　let's

4 絵の男の子になったつもりで□の中から質問(しつもん)の答えを選び、□に書きましょう。

思考・判断・表現　1問15点(30点)

(1) Do you like baseball?

(2) Do you like science?

Yes, I do.　No, I don't.　I like science.

3分でまとめ

Unit 2
Happy birthday! ①

学習日 月 日

◎めあて
誕生日(たんじょうび)をたずねたり、答えたりすることができる

教科書 18～25ページ

誕生日のたずね方／答え方

ききトリ 音声を聞き、声に出してみましょう。 トラック41～42

(フ)ウェン イズ ユア バースデイ
When is your birthday?
あなたの誕生日はいつですか。

マイ バースデイ イズ メイ フィフス
My birthday is May 5th.
わたしの誕生日は5月5日です。

せつめい
たずねる When is your birthday? で、相手の誕生日をたずねることができます。
こたえる My birthday is ～. で、自分の誕生日を答えることができます。「～」には日付が入ります。月→日の順で言い、日付は「～番目」という順番を表す言葉を使って答えます。

音声を聞き、英語の言葉を言いかえて、文を読んでみましょう。 トラック43～44

When is your birthday?

My birthday is May 5th.

いいかえよう 月(month)を表す言葉

□January(1月) 	□February(2月) 	□March(3月) 	□April(4月) 
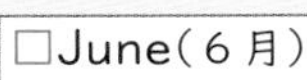 □June(6月) 	□July(7月) 	□August(8月) 	□September(9月) 
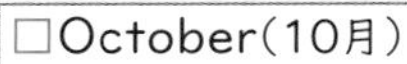 □October(10月) 	□November(11月) 	□December(12月) 	

月の名前は最初の文字を大文字で書くよ。

これを知ったらワンダフル！

月の名前はそれぞれ由来があるよ。
主な由来はローマ神話やラテン語なんだ。
(例)
ローマ神話の神ヤーヌス → January
ローマ帝国(ていこく)初代皇帝(こうてい)アウグストゥス → August

ぴったり2
練習

学習日　月　日

ぴったりクイズ 答えはこのページの下にあるよ！

アメリカという国が誕生したのは何月何日かな？
① 7月4日　② 10月31日　③ 12月25日

教科書 18～25ページ

かきトリ 英語をなぞり、声に出してみましょう。　できたらチェック！ 書く 話す

□1月 January　□2月 February　□6月 June

□3月 March　□4月 April　□10月 October

□7月 July　□8月 August　□9月 September

□11月 November　□12月 December

□あなたの誕生日はいつですか。
When is your birthday?

□わたしの誕生日は5月5日です。
My birthday is May 5th.

▶読み方が分からないときは、左のページにもどって音声を聞いてみましょう。

やりトリ 自分の誕生月を書いて、声に出してみましょう。　できたらチェック！ 書く 話す

When is your birthday?

My birthday is ＿＿＿＿ 5th.

つたえるコツ
「～日に」と日付を言うときはonを日付の前につけるけれど、誕生日を言うときにはつけないよ。

▶あてはめる英語は、左のページや付録の小冊子(しょうさっし)、教科書や辞書などから探(さが)してみよう！

答える練習ができたら、次はだれかに質問(しつもん)してみよう！

ぴったりクイズの答え ①　7月4日は、アメリカの独立記念日(どくりつきねんび)だよ。イギリスからの独立宣言(せんげん)が交付された日で、建国記念日のようなものだよ。②はハロウィーンで、③はクリスマスだよ。

Unit 2 Happy birthday! ②

学習日　月　日

めあて
誕生日と行事を英語で言うことができる

教科書　18〜25ページ

誕生日と行事の伝え方

ききトリ 音声を聞き、声に出してみましょう。　トラック45〜46

My birthday is May 5th.
わたしの誕生日は5月5日です。

It's Children's Day.
こどもの日ですね。

せつめい **つたえる** 話している相手の誕生日が何かの行事の日のとき、It's 〜. の「〜」に行事を表す言葉を入れて、「〜(行事の日)ですね。」と言うことができます。
It'sはIt isの短縮形で「それは〜です」という意味です。

ききトリ 音声を聞き、英語の言葉を言いかえて、文を読んでみましょう。　トラック47〜50

My birthday is May 5th.

いいかえよう　日付を表す言葉

Sunday	Monday	Tuesday	Wednesday	Thursday	Friday	Saturday
□1st first	□2nd second	□3rd third	□4th fourth	5th fifth	□6th sixth	□7th seventh
□8th eighth	□9th ninth	□10th tenth	□11th eleventh	□12th twelfth	□13th thirteenth	□14th fourteenth
□15th fifteenth	□16th sixteenth	□17th seventeenth	□18th eighteenth	□19th nineteenth	□20th twentieth	□21st twenty-first
	□30th thirtieth	□31st thirty-first				

ワンポイント
日付は基本的に〈数字＋th〉だけれど、そうでないものもあるよ。

It's Children's Day.

いいかえよう　行事を表す言葉

□Christmas(クリスマス)

□New Year's Day(元日)

□Star Festival(七夕)

これを知ったらワンダフル!
それぞれ行事の日は、次のとおり。
Dolls' Festival
→3月3日
Star Festival
→7月7日
Culture Day
→11月3日
Mountain Day
→8月11日
Christmas
→12月25日
New Year's Day
→1月1日

ぴったり2
練習

学習日　　月　　日

ぴったりクイズ　答えはこのページの下にあるよ！

アメリカで毎年11月の第４木曜日に行われる行事は何かな？
① 復活祭（ふっかつさい）　② メモリアルデー　③ 感謝祭（かんしゃさい）

教科書　18〜25 ページ

かきトリ　英語をなぞり、声に出してみましょう。

できたらチェック！　書く　話す

□クリスマス
Christmas

□ひな祭り
Dolls' Festival

□文化の日
Culture Day

□七夕
Star Festival

□山の日
Mountain Day

ヒント
festival は「祭り」という意味だよ。

□元日
New Year's Day

□わたしの誕生日は５月5日です。
My birthday is May 5th.

□こどもの日ですね。
It's Children's Day.

▶読み方が分からないときは、左のページにもどって音声を聞いてみましょう。

やりトリ　自分の誕生日を伝えてみましょう。

できたらチェック！　書く　話す

My birthday is ＿＿＿＿＿＿＿＿.

つたえるコツ
日本のみの祝日や、世界各国それぞれの祝日を調べてみよう。あなたの誕生日も何かの祝日かもしれないよ。

▶あてはめる英語は、左のページや付録の小冊子（しょうさっし）、教科書や辞書などから探（さが）してみよう！

自分の伝えたいことを、だれかに聞いてもらおう！

ぴったりクイズの答え　③　感謝祭は収穫（しゅうかく）を感謝する日だよ。①はイエス・キリストの復活を祝う日で、②は戦没者（せんぼつしゃ）を追悼（ついとう）する日だよ。

Unit 2-① Happy birthday!

教科書 18～25ページ　答え 4ページ

1 音声を聞き、それぞれの人物の誕生日(たんじょうび)が完成するように、(　　)に数字を書きましょう。

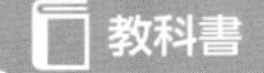

技能　1問5点(15点)

(1)

Sakura

4月(　　　　)日

(2)

Lucas

7月(　　　　)日

(3)

Deepa

12月(　　　　)日

2 音声を聞き、それぞれの人物と誕生日にあたる行事を、線で結びましょう。

トラック52

技能　1問15点(45点)

(1)

Mika

(2)

Daichi

(3)

Ellen

ふりかえり　②が分からないときは、30ページにもどって確認(かくにん)してみよう。

3 日本文に合う英語の文になるように、[ ]の中から語を選び、[ ]に書き、文全体をなぞりましょう。文の最初の文字は大文字で書きましょう。

1つ6点(30点)

(1) あなたの誕生日はいつですか。

[ ] is [ ] birthday?

(2) ((1)に答えて)わたしの誕生日は５月５日です。

My birthday is [ ] 5th.

(3) ((2)を聞いて)こどもの日ですね。

It's [ ] [ ].

May　Children's　your　Day　when

4 サキがあなたに次のように伝えています。あなたはサキに何と言いますか。[ ]の中から選び、[ ]に書きましょう。

思考・判断・表現　10点

サキ：My birthday is December 25th.

あなたの発言

[ ]

It's Christmas.　It's New Year's Day.

It's Culture Day.

ぴったり1 準備

Unit 2 Happy birthday! ③

学習日　　月　　日

めあて
誕生日(たんじょうび)にほしいものをたずねたり、答えたりすることができる

教科書 18～25ページ

誕生日にほしいもののたずね方／答え方

ききトリ 音声を聞き、声に出してみましょう。　トラック53～54

(フ)ワット ドゥ ユー ワ(ー)ント フォー ユア バースデイ
What do you want for your birthday?
あなたはあなたの誕生日に何がほしいですか。

アイ ワ(ー)ント ヌー シューズ
I want new shoes.
わたしは新しい靴(くつ)がほしいです。

せつめい
たずねる　What do you want for your birthday?　で、誕生日にほしいものをたずねることができます。
こたえる　I want ～.　で、ほしいものを答えることができます。「～」にはものを表す言葉が入ります。

ききトリ 音声を聞き、英語の言葉を言いかえて、文を読んでみましょう。　トラック55～58

What do you want for your birthday?

ほしいものが１つの場合

I want a new pen.

いいかえよう　身の回りのものを表す言葉

□comic book(マンガ本)

□sticker(ステッカー)

□notebook(ノート)

ほしいものが２つ以上または２つで１組になっている場合

I want new shoes.

いいかえよう　身の回りのものを表す言葉

□pants(ズボン)

□gloves(手ぶくろ)

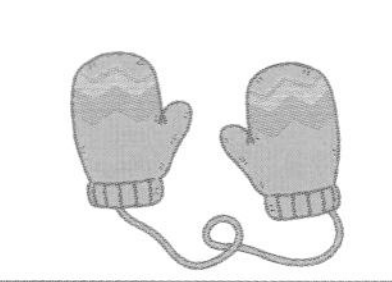

□soccer shoes (サッカーシューズ)

ワンポイント
for your birthdayで「あなたの誕生日に」という意味だよ。

これを知ったらワンダフル!
２つ以上のものや、２つで１組になっているものは、言葉の最後にsをつけるよ。

ぴったり2

練習

学習日　　月　　日

ぴったりクイズ　答えはこのページの下にあるよ！

アメリカでプレゼントをもらったら、どうやって開けるとよいのかな？

① 持ち帰って自宅(じたく)で開ける　② その場でラッピングをていねいに開ける

③ その場でラッピングを破(やぶ)いて開ける

教科書　18～25 ページ

かきトリ　英語をなぞり、声に出してみましょう。

できたらチェック！　書く　話す

□ズボン

pants

□手ぶくろ

gloves

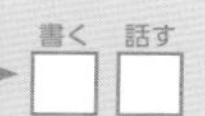

ヒント

sticker の ti は【ティ】と読むよ。

□ノート

notebook

□ステッカー

sticker

□サッカーシューズ

soccer shoes

□マンガ本

comic book

□あなたはあなたの誕生日に何がほしいですか。

What do you want for your birthday?

□わたしは新しい靴がほしいです。

I want new shoes.

▶読み方が分からないときは、左のページにもどって音声を聞いてみましょう。

やりトリ　自分はどう答えるかを書いて、声に出してみましょう。

できたらチェック！　書く　話す

What do you want for your birthday?

I want new ＿＿＿＿＿.

つたえるコツ

ほしいものが1つのときは、newの前にaが入るよ。
(例)a new pen(新しいペン)

▶あてはめる英語は、左のページや付録の小冊子(しょうさっし)、教科書や辞書などから探(さが)してみよう！

答える練習ができたら、次はだれかに質問(しつもん)してみよう！

ぴったりクイズの答え　③　アメリカではラッピングをビリビリに破いて開けるのが礼儀(れいぎ)。
そうやってわくわくして待ちきれない気持ちを相手に伝えるんだ。

Unit 2 Happy birthday! ④

学習日　　月　　日

めあて
ものが何かをたずねたり、答えたりすることができる

教科書 18～25ページ

ものが何かのたずね方／答え方

ききトリ 音声を聞き、声に出してみましょう。　トラック59～60

せつめい

たずねる What is it?　で、「それは何ですか。」とたずねることができます。

こたえる It's ～.　で、聞かれたものが何かを答えることができます。「～」にはものを表す言葉が入ります。数えられるものが１つなら言葉の前にaかanをつけます。

ききトリ 音声を聞き、英語の言葉を言いかえて、文を読んでみましょう。　トラック61～62

What is it?

It's a tablet.

いいかえよう 身の回りのものを表す言葉

□T-shirt（Tシャツ）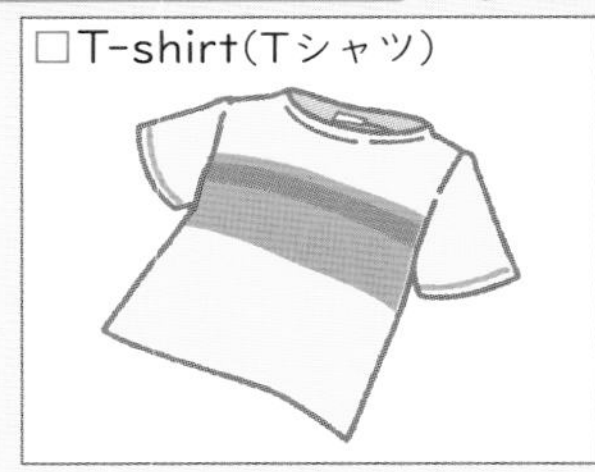	□sweater（セーター）	□racket（ラケット）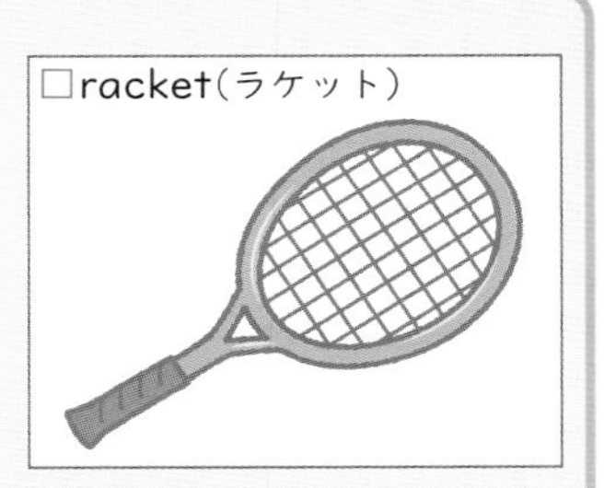
□watch（腕時計）	□computer（コンピューター）	□bag（かばん）
□cap（（ふちのない）ぼうし）	□bat（バット）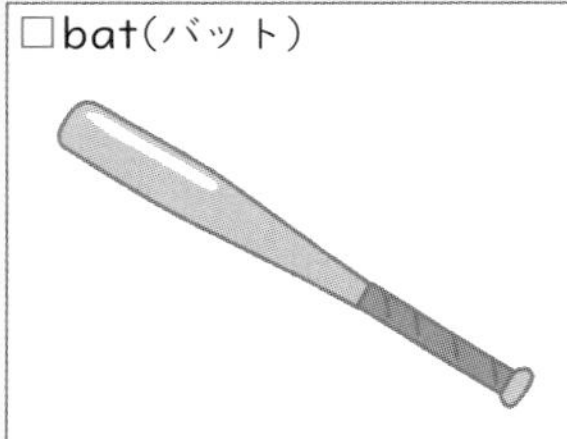	□guitar（ギター）

ワンポイント
itは「それは」という意味を表すよ。

これを知ったらワンダフル！
数えられるものを表す言葉で、ア・イ・ウ・エ・オの音で始まるものの前にはaではなくanをつけるよ。
（例）
○ an apple（1つのリンゴ）
× a apple

ぴったり2 練習

学習日 月 日

ぴったりクイズ 答えはこのページの下にあるよ！

ラケットはアラビア語のある言葉が元になってできた言葉だよ。ある言葉とは何かな？ ① フライパン ② ざる ③ 手のひら

教科書 18〜25ページ

かきトリ 英語をなぞり、声に出してみましょう。 できたらチェック！ 書く 話す

□(ふちのない)ぼうし
cap

□Tシャツ
T-shirt

ヒント
T-shirt のTは大文字にするよ。Tとshirtをつないでいる「-」はハイフンというよ。

□セーター
sweater

□ギター
guitar

□ラケット
racket

□腕時計
watch

□バット
bat

□コンピューター
computer

□かばん
bag

□それは何ですか。
What is it?

□それはタブレットです。
It's a tablet.

▶読み方が分からないときは、左のページにもどって音声を聞いてみましょう。

やりトリ 自分はどう答えるかを書いて、声に出してみましょう。 できたらチェック！ 書く 話す

What is it?

It's a ＿＿＿＿＿＿＿＿.

つたえるコツ
What is it?のitが何を示しているのか、身ぶりや、視線で伝えるようにすると相手に分かりやすいよ。

▶あてはめる英語は、左のページや付録の小冊子、教科書や辞書などから探してみよう！

答える練習ができたら、次はだれかに質問してみよう！

ぴったりクイズの答え ③ フランスに素手で行うテニスのような競技があって、手が痛くなるのでプロテクターを使うようになり、それをラケット（アラビア語の手のひら）と呼んだことに始まるよ。

ぴったり3 確かめのテスト

Unit 2-② Happy birthday!

教科書 18〜25ページ 答え 5ページ

1 音声を聞き、それぞれの人物の誕生日(たんじょうび)が完成するように、(　　)に数字を書きましょう。

トラック63

技能 1問5点(15点)

(1)

Sophia

(　　　　)月2日

(2)

Ken

(　　　　)月20日

(3)

Lucas

(　　　　)月9日

2 音声を聞き、それぞれの人物と誕生日にほしいものを、線で結びましょう。

トラック64

技能 1問15点(45点)

(1)

Sophia

(2)

Ken

(3)

Lucas

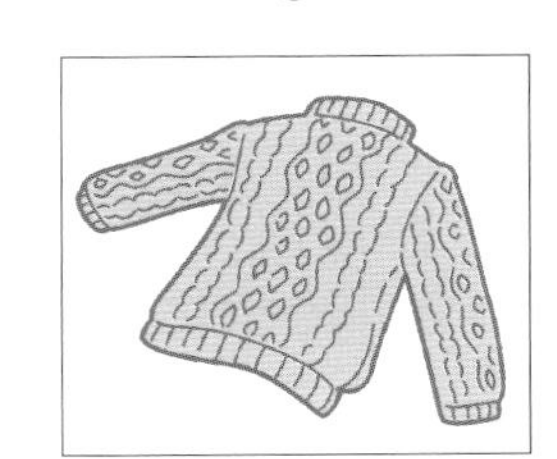

ふりかえり ②が分からないときは、34ページにもどって確認(かくにん)してみよう。

学習日　月　日

3 日本文に合う英語の文になるように、［　　］の中から語を選び、［　　］に書き、文全体をなぞりましょう。文の最初の文字は大文字で書きましょう。

1つ5点(20点)

(1) それは何ですか。

［　　］［　　］ it?

(2) ((1)に答えて)それは(ふちのない)ぼうしです。

［　　］ a ［　　］.

is　what　it's　cap

4 女の子が誕生日についてスピーチをします。絵の内容(ないよう)に合うように、［　　］の中から語句を選び、［　　］に書き、文全体をなぞりましょう。

思考・判断・表現　1問10点(20点)

6/14

(1) My birthday is ［　　］.

(2) I want a new ［　　］.

August 14th　June 14th　racket　gloves

Unit 3 Can you play dodgeball? ①

学習日　　月　　日

めあて
ある動作ができるかどうかをたずねたり、答えたりできる

教科書 28～35 ページ

できるかどうかのたずね方／答え方

ききトリ 音声を聞き、声に出してみましょう。 トラック65～66

キャン ユー プレイ ザ ピアノウ
Can you play the piano?
あなたはピアノをひくことができますか。

ノウ アイ キャント
No, I can't.
いいえ、できません。

イエス アイ キャン
Yes, I can.
はい、できます。

せつめい

たずねる　Can you ～?　で、相手にある動作ができるかどうかをたずねることができます。「～」には動作を表す言葉が入ります。

こたえる　できるときは Yes, I can. 、できないときは No, I can't.　と答えます。

ききトリ 音声を聞き、英語の言葉を言いかえて、文を読んでみましょう。 トラック67～68

Can you play the piano ?

いいかえよう 動作を表す言葉

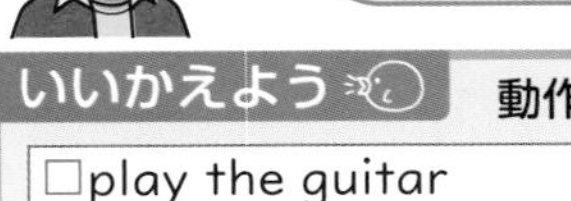

□play the guitar（ギターをひく）

□play volleyball（バレーボールをする）

□play soccer（サッカーをする）

□play the recorder（リコーダーをふく）

□play tennis（テニスをする）

□cook（料理をする）

□play the violin（バイオリンをひく）

□play dodgeball（ドッジボールをする）

□swim（泳ぐ）

Can you ～? は文の終わりを上げて読もう。

これを知ったらワンダフル！

can't は cannot の短縮形だよ。cannot は【キャナ(ー)ット】と読むよ。

できると答えるとき

Yes, I can.

できないと答えるとき

No, I can't.

▶ 小冊子の p.24～25で、もっと言葉や表現を学ぼう！

ぴったり2

練習

学習日　月　日

?ぴったりクイズ　答えはこのページの下にあるよ！

2008年の大統領選で勝利したオバマ大統領の選挙中の合言葉は何かな？
① Yes, I do.　② Yes, we can.　③ Yes, you have.

教科書　28〜35ページ

かきトリ　英語をなぞり、声に出してみましょう。

できたらチェック！　書く　話す

□サッカーをする
play soccer

□ギターをひく
play the guitar

□バレーボールをする
play volleyball

□テニスをする
play tennis

□ドッジボールをする
play dodgeball

□料理をする
cook

□リコーダーをふく
play the recorder

ヒント
楽器名の前には the を置くよ。

□あなたはピアノをひくことができますか。
Can you play the piano?

□はい、できます。
Yes, I can.

□いいえ、できません。
No, I can't.

▶読み方が分からないときは、左のページにもどって音声を聞いてみましょう。

やりトリ　できることをたずねる表現を書いて、声に出してみましょう。

できたらチェック！　書く　話す

Can you ＿＿＿＿＿＿＿＿＿＿ ?

Yes, I can. / No, I can't.

つたえるコツ
can'tは、イギリス英語では【キャント】ではなく【カーント】と発音するよ。

▶あてはめる英語は、左のページや付録の小冊子、教科書や辞書などから探してみよう！

自分の知りたいことを、相手に質問してみよう！

ぴったりクイズの答え　②　この言葉は、勝利したあとの勝利演説のタイトルにもなったよ。

Unit 3 Can you play dodgeball? ②

学習日　月　日

めあて
自分ができることとできないことを伝えることができる

教科書 28～35ページ

自分ができることとできないことの伝え方

ききトリ 音声を聞き、声に出してみましょう。 トラック69～70

アイ キャン ライド ア ユーニサイクル
I can ride a unicycle.
わたしは一輪車に乗ることができます。

アイ キャント ライド ア ユーニサイクル
I can't ride a unicycle.
わたしは一輪車に乗ることができません。

せつめい つたえる I can ～. で、自分ができることを伝えることができます。「～」には動作を表す言葉が入ります。I can't ～. で、自分ができないことを伝えることができます。

ききトリ 音声を聞き、英語の言葉を言いかえて、文を読んでみましょう。 トラック71～72

I can ride a unicycle.

I can't ride a unicycle.

unicycleのuni-は「1つの」という意味だよ。

いいかえよう 動作を表す言葉

□bake bread（パンを焼く）	□play the piano（ピアノをひく）	□play the drum（太鼓を演奏する）
□speak English（英語を話す）	□hit a ball（ボールを打つ）	□jump high（高く跳ぶ）
□dance（踊る）	□sing（歌う）	□swim（泳ぐ）

hit（打つ）には、ほかに「当たる」や「たたく」という意味もあるよ。

▶小冊子のp.24～25で、もっと言葉や表現を学ぼう！

ぴったり2

練習

学習日　　月　　日

?ぴったりクイズ　答えはこのページの下にあるよ！

1997年にIBM社が開発したAIが世界チャンピオンに勝つことができたゲームは何？　① しょうぎ　② オセロ　③ チェス

教科書　28～35ページ

かきトリ　英語をなぞり、声に出してみましょう。

できたらチェック！　書く　話す

□パンを焼く
bake bread

□高く跳ぶ
jump high

□ピアノをひく
play the piano

□ボールを打つ
hit a ball

□太鼓を演奏する
play the drum

□踊る
dance

□英語を話す
speak English

ヒント
unicycle の u は【ウ】ではなく【ユー】と読むよ

□わたしは一輪車に乗ることができます。
I can ride a unicycle.

□わたしは一輪車に乗ることができません。
I can't ride a unicycle.

▶読み方が分からないときは、左のページにもどって音声を聞いてみましょう。

やりトリ　自分ができることとできないことを伝えてみましょう。

できたらチェック！　書く　話す

I can ＿＿＿＿＿＿＿＿.

I can't ＿＿＿＿＿＿＿＿.

つたえるコツ
相手ができることを教えてくれたら、Great!(すごい！)、Wow!(わあ！)のようにリアクションしてみよう。

▶あてはめる英語は、左のページや付録の小冊子、教科書や辞書などから探(さが)してみよう！

自分の伝えたいことを、だれかに聞いてもらおう！

ぴったりクイズの答え　③　チェスだよ。"Deep Blue"という名前のAIが当時の世界チャンピオンに勝ったんだ。

Unit 3 Can you play dodgeball? ③

学習日 月 日

めあて
相手ができることを伝えることができる

教科書 28～35ページ

相手ができることの伝え方

ききトリ 音声を聞き、声に出してみましょう。 トラック73～74

You can play soccer well.（ユー キャン プレイ サ(ー)カァ ウェル）
あなたは上手にサッカーができますね。

Thank you.（サンキュー）
ありがとう。

せつめい つたえる You can ～. で、相手ができることを伝えることができます。「～」には動作を表す言葉が入ります。You can ～.やI can[can't] ～.に、well(上手に)やfast(速く)をつけると、その動作を「上手に」「速く」できる[できない]ことを伝えることができます。

ききトリ 音声を聞き、英語の言葉を言いかえて、文を読んでみましょう。 トラック75～76

You can play soccer well.

いいかえよう 動作を表す言葉

□sing well(上手に歌う) 	□play tennis well (上手にテニスをする) 	□skate well (上手にスケートをする) 
□run fast(速く走る) 	□bake bread well (上手にパンを焼く) 	□play the guitar well (上手にギターをひく) 
□swim fast(速く泳ぐ) 	□dance well (上手に踊る) 	□cook well (上手に料理をする) 

Thank you.

ワンポイント
Can you ～?にwellやfastをつけると、その動作を「上手に」「速く」できるかどうかをたずねることができるよ。
(例)
Can you play soccer well?(あなたは上手にサッカーができますか。)

これを知ったらワンダフル！
「あなたも上手にサッカーができますね」と言うときは、「～も」という意味の～, tooを使って
You can play soccer well, too.
と言うよ。

▶ 小冊子のp.24～25で、もっと言葉や表現を学ぼう！

ぴったり 2

練習

学習日　　月　　日

ぴったりクイズ　答えはこのページの下にあるよ！

アメリカ人競泳選手のマーク・スピッツが1972年の１回のオリンピックで、取った金メダルの数は何個(なんこ)かな？

教科書　28～35ページ

かきトリ　英語をなぞり、声に出してみましょう。

□上手に歌う

sing well

□上手にスケートをする

skate well

□速く走る

run fast

□上手にテニスをする

play tennis well

□上手にパンを焼く

bake bread well

ヒント

guitar の u は読まないよ。つづりに注意しよう。

□上手にギターをひく

play the guitar well

□あなたは上手にサッカーができますね。

You can play soccer well.

□ありがとう。

Thank you.

▶読み方が分からないときは、左のページにもどって音声を聞いてみましょう。

やりトリ　相手ができることを伝えてみましょう。

You can ＿＿＿＿＿＿＿＿.

Thank you.

つたえるコツ

主に英語を話す国では、ほめられたとき、「そんなことないよ」と言わず、お礼を言うのが一般的(いっぱんてき)だよ。

▶あてはめる英語は、左のページや付録の小冊子、教科書や辞書などから探(さが)してみよう！

自分が思ったことを、相手に伝えてみよう！

ぴったりクイズの答え　7個だよ。しかもすべてで世界新記録を更新(こうしん)したんだよ。

Unit 3 Can you play dodgeball?

教科書 28〜35ページ　答え 6ページ

1 音声を聞き、内容に合う絵を㋐〜㋒から選び、(　　)に記号を書きましょう。

トラック77

技能　1問10点(20点)

(1) ㋐

㋑

㋒

(2) ㋐

㋑

㋒

(1) (　　　　)　(2) (　　　　)

2 音声を聞き、それぞれの人物について、正しいほうに○をつけましょう。

トラック78

技能　1問10点(40点)

(1)

Sophia

バスケットボールが上手に(できる ・ できない)

(2)

Saki

一輪車に(乗れる ・ 乗れない)

(3)

Lucas

速く(走れる ・ 走れない)

(4)

Ken

リコーダーを上手にふくことが(できる ・ できない)

ふりかえり　2が分からないときは、40ページにもどって確認してみよう。

3 日本文に合う英語の文になるように、[　　]の中から語を選び、[　　]に書き、文全体をなぞりましょう。文の最初の文字は大文字で書きましょう。

1つ5点(20点)

(1) あなたは高く跳(と)ぶことができますか。

[　　] you [　　] high?

(2) わたしは上手にスケートをすることができます。

I can [　　] well.

(3) わたしは速く泳ぐことができません。

I can't swim [　　].

fast　can　jump　skate

4 絵の女の子になったつもりで、[　　]の中から質問(しつもん)の答えを選び、[　　]に書きましょう。

思考・判断・表現　1問10点(20点)

(1) Can you sing well?

(2) Can you play the guitar?

Yes, I do.　Yes, I can.　No, I can't.

この本の終わりにある「夏のチャレンジテスト」をやってみよう！

ぴったり1 準備

3分でまとめ

Unit 4 Who is this? ①

学習日　月　日

めあて
身近な人について、友達と紹介し合うことができる

教科書　40～47ページ

身近な人のたずね方／答え方

ききトリ　音声を聞き、声に出してみましょう。　トラック79～80

せつめい
たずねる　Who is this?　で、「こちらはだれ[どなた]ですか。」とたずねることができます。
こたえる　This is ～.　で、「こちらは～です。」と人の名前などを答えることができます。
She is my ～.　で、「彼女はわたしの～です。」と自分との関係を説明することができます。ここでの「～」には、人や家族を表す言葉が入ります。

ききトリ　音声を聞き、英語の言葉を言いかえて、文を読んでみましょう。　トラック81～84

Who is this?

This is **Saki**.

いいかえよう　名前(name)を表す言葉

□Deepa(ディーパ)

□Ellen(エレン)

□Jessica(ジェシカ)
□Brian(ブライアン)
□Ms. Baker(ベーカー先生)
□Mr. Robinson(ロビンソン先生)

ワンポイント
1人の女の人や女の子について言うときはsheを使うよ。1人の男の人や男の子について言うときはhe(彼は)を使うよ。

He/She is my **classmate**.

いいかえよう　人や家族(family)を表す言葉

□friend(友達)

□cousin(いとこ)

□mother(お母さん)
□father(お父さん)
□sister(お姉さん、妹)
□brother(お兄さん、弟)
□grandmother(おばあさん)
□grandfather(おじいさん)

これを知ったらワンダフル！
英語では「船」について言うときにもshe(彼女は)を使うことがあるよ。船には「クイーンエリザベス号」など、人の名前が多く使われているからだそうだよ。

▶ 小冊子のp.22～23で、もっと言葉や表現を学ぼう！

ぴったり2

練習

学習日　　月　　日

?ぴったりクイズ　答えはこのページの下にあるよ！

アメリカやイギリスでは、自分の兄弟や姉妹にどのように呼(よ)びかけるのだろう？
① Brother, とかSister, と呼ぶ　② 名字で呼ぶ　③ 名前で呼ぶ

教科書　40～47 ページ

かきトリ　英語をなぞり、声に出してみましょう。

できたらチェック！　書く　話す

□エレン　Ellen

□ベーカー先生　Ms. Baker

ヒント
「先生」「～さん」を表す Ms.、Mr. には“.”を忘(わす)れずにつけよう！

□ディーパ　Deepa

□ロビンソン先生　Mr. Robinson

□友達　friend

□いとこ　cousin

□お母さん　mother

□お兄さん、弟　brother

□おばあさん　grandmother

□こちらはだれですか。　Who is this?

□こちらはサキです。　This is Saki.

□彼女はわたしのクラスメートです。　She is my classmate.

▶読み方が分からないときは、左のページにもどって音声を聞いてみましょう。

やりトリ　自分はどう答えるかを書いて、声に出してみましょう。

できたらチェック！　書く　話す

Who is this?

This is ＿＿＿＿.
[He/She] is my ＿＿＿＿.

つたえるコツ
1つの文にしてThis is my classmate, ～.(こちらはわたしのクラスメートの～です。)という言い方もあるよ。

▶あてはめる英語は、左のページや付録の小冊子、教科書や辞書などから探(さが)してみよう！

答える練習ができたら、次はだれかに質問(しつもん)してみよう！

ぴったりクイズの答え　③　英語には「お兄[姉]ちゃん」といった言葉はないよ。年齢(ねんれい)の上下よりも個人(こじん)を重要視(じゅうようし)するんだね。

Unit 4 Who is this? ②

学習日　月　日

めあて
身近な人ができることを紹介することができる

教科書　40～47 ページ

身近な人ができることの伝え方

ききトリ 音声を聞き、声に出してみましょう。　トラック85～86

She can run fast.
彼女は速く走ることができます。

Wow.
わあ。

せつめい つたえる She can ～. で、「彼女は～することができます。」と伝えることができます。この「～」には、動作を表す言葉が入ります。さらに、well(上手に)やfast(速く)のような言葉を加えることで、その人がその動作をどのくらいできるのかを、くわしく説明することができます。

ききトリ 音声を聞き、英語の言葉を言いかえて、文を読んでみましょう。　トラック87～88

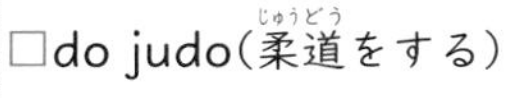

He/She can run fast.

いいかえよう 動作を表す言葉

□play soccer（サッカーをする）

□do judo（柔道をする）

□play the piano（ピアノをひく）

□teach English（英語を教える）

□cook curry（カレーを作る）

□play the recorder（リコーダーをふく）

□play badminton well（上手にバドミントンをする）

□sing well（上手に歌う）

□jump high（高く跳ぶ）

□swim fast（速く泳ぐ）
□dance well（上手に踊る）
□run 20 km（20km走る）

Wow.

ワンポイント
〈play＋スポーツ名〉の言い方をするものが多いけれど、柔道や剣道などの武道はplayではなくdoを使い、do judo、do kendoと言うよ。

これを知ったらワンダフル！
cook（料理をする）は火などで食材を加熱して料理するときに使う言葉だよ。サラダなどの加熱しない料理にはmake（作る）を使うんだよ。

▶ 小冊子のp.24～25で、もっと言葉や表現を学ぼう！

ぴったり2

練習

学習日　　月　　日

？ぴったりクイズ　答えはこのページの下にあるよ！

〈play＋スポーツ名〉の形で表さないスポーツはどれかな？　答えは1つとは限らないよ。　①　空手　②　ランニング　③　ヨガ

教科書　40〜47 ページ

かきトリ　英語をなぞり、声に出してみましょう。

できたらチェック！　書く　話す

□英語を教える
teach English

ヒント
curry は r が 2 つ続くよ！

□柔道をする
do judo

□カレーを作る
cook curry

□速く泳ぐ
swim fast

□上手に踊る
dance well

□上手にバドミントンをする
play badminton well

□20km 走る
run 20 km

□高く跳ぶ
jump high

□彼女は速く走ることができます。
She can run fast.

□わあ。
Wow.

▶読み方が分からないときは、左のページにもどって音声を聞いてみましょう。

やりトリ　身近な人ができることを伝えてみましょう。

できたらチェック！　書く　話す

[He/She] can ＿＿＿＿＿＿＿＿＿＿.

Wow.

つたえるコツ
「上手に」「速く」などの、相手が感心して「わあ！」と言うような言葉を加えてみよう。

▶あてはめる英語は、左のページや付録の小冊子、教科書や辞書などから探してみよう！

自分が思ったことを、相手に伝えてみよう！

ぴったりクイズの答え　①②③　①③はdo karateとdo yoga、②はgo runningと言うんだ。球技以外・格闘技・対戦相手がいないものはdo、ingがつくものはgoと覚えておこう。

ぴったり3 確かめのテスト
Unit 4-① Who is this?

教科書 40～47ページ 答え 7ページ

1 音声を聞き、内容(ないよう)に合う絵を㋐～㋒から選び、(　　)に記号を書きましょう。

トラック89

技能 1問10点(20点)

(1) ㋐

㋑

㋒

(2) ㋐

㋑

㋒

(1) (　　　　) (2) (　　　　)

2 音声を聞き、それぞれの人物と「わたし」との関係、その人ができることを、線で結びましょう。

トラック90

技能 1問完答10点(30点)

(1)

Nanami

(2)

Saki

(3)

Mika

my sister　　my friend　　my classmate

ふりかえり ❷が分からないときは、48・50ページにもどって確認(かくにん)してみよう。

学習日　　月　　日

3 日本文に合う英語の文になるように、[ ]の中から語を選び、[ ]に書き、文全体をなぞりましょう。文の最初の文字は大文字で書きましょう。

1つ10点(20点)

(1) こちらはだれですか。

[ ] is this?

(2) ((1)に答えて)こちらはわたしのクラスメートのケンです。

This is my [ ], Ken.

classmate　　what　　who

4 メモを見て、絵の男の子を紹介(しょうかい)しましょう。それぞれにあてはまる紹介文を[ ]の中から選び、[ ]に書きましょう。

思考・判断・表現　1問10点(30点)

メモ
・名前　ルーカス
・わたしの友達
・サッカーができる

(1) 名前

(2) 自分との関係

(3) できること

He is my friend.　　He can play soccer.　　This is Lucas.

ぴったり1 準備

3分でまとめ

Unit 4 Who is this? ③

学習日　　月　　日

めあて
身近な人の性格（せいかく）や様子に ついて、紹介（しょうかい）することが できる

教科書 40～47ページ

身近な人の性格の伝え方

ききトリ 音声を聞き、声に出してみましょう。　トラック91～92

She is my friend.（シー イズ マイ フレンド）
彼女（かのじょ）はわたしの友達です。

She is kind.（シー イズ カインド）
彼女は親切です。

せつめい つたえる She is ～. で、「彼女は～です。」と伝えることができます。
この「～」には、性格や様子を表す言葉が入ります。
性格や様子を表す言葉を2つ、**and**でつないで、kind and friendlyのように使うと、「親切で、友好的」と言うこともできます。

ききトリ 音声を聞き、英語の言葉を言いかえて、文を読んでみましょう。　トラック93～94

He/She is my friend.
He/She is **kind**.

いいかえよう　性格や様子を表す言葉

□active（活動的な）

□brave（勇敢（ゆうかん）な）

□friendly（友好的な）

□funny（おかしい）

□shy（内気な）

□smart（利口な）

□strong（強い）

□gentle（やさしい）

ワンポイント
紹介する人のいいところを知ってもらえるように、その人のよさを表している言葉を選ぼう。

これを知ったらワンダフル！
funnyは笑ってしまうようなおもしろさを表すよ。interestingは「おもしろい」と訳（やく）される言葉だけれど、こちらは「もっと知りたい、興味（きょうみ）を引く」という意味を表すよ。

小冊子（しょうさっし）のp.20～21で、もっと言葉や表現（ひょうげん）を学ぼう！

ぴったり2

練習

学習日 月 日

ぴったりクイズ 答えはこのページの下にあるよ！

アニメの登場人物を「キャラ(クター)」って言うけれど、もともとの意味は何だろう？ ① 登場 ② 特徴 ③ 中心

教科書 40～47ページ

かきトリ 英語をなぞり、声に出してみましょう。

できたらチェック！ 書く 話す

□勇敢な
brave

□活動的な
active

□内気な
shy

□おかしい
funny

□強い
strong

□利口な
smart

□友好的な
friendly

□やさしい
gentle

ヒント
friendly は「親しみのある、人なつっこい」という意味もあるよ！「友達」を意味する friend に ly をつけてできた言葉なんだ。

□彼女はわたしの友達です。
She is my friend.

□彼女は親切です。
She is kind.

▶読み方が分からないときは、左のページにもどって音声を聞いてみましょう。

やりトリ 身近な人の性格や様子について、伝えてみましょう。

できたらチェック！ 書く 話す

[He/She] is my friend.
[He/She] is ＿＿＿＿.

つたえるコツ
身近な人を紹介するときは、その人と自分との関係→その人の性格や様子の順に説明すると、相手に伝わりやすいよ。

▶あてはめる英語は、左のページや付録の小冊子、教科書や辞書などから探してみよう！

自分が思ったことを、相手に伝えてみよう！

ぴったりクイズの答え ② characterには「特徴、性格、個性」などの意味があるんだ。

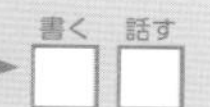

ぴったり1 準備

Unit 4 Who is this? ④

学習日　月　日

めあて　紹介(しょうかい)したいものに注目してもらうことができる

教科書　40～47 ページ

相手を注目させる

ききトリ　音声を聞き、声に出してみましょう。　トラック95～96

Look at this card.（ルック アット ズィス カード）
このカードを見てください。

OK.（オウケイ）
分かった。

せつめい　つたえる　Look at ～. で、「～を見なさい。」「～を見てください。」と伝えることができます。この「～」には、紹介したいものを表す言葉が入ります。紹介したいものが、近くにある１つのものの場合は、**this** ～（この～）と言い、少しはなれたところにある１つのものの場合は、**that** ～（あの～）と言います。

ききトリ　音声を聞き、英語の言葉を言いかえて、文を読んでみましょう。　トラック97～98

Look at this card.　**OK.**

いいかえよう　this、thatと身の回りのものを表す言葉

□this bag（このかばん）

□this cap（このぼうし）

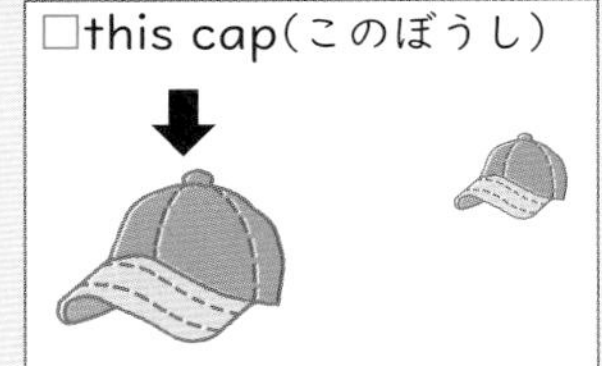

□this racket（このラケット）

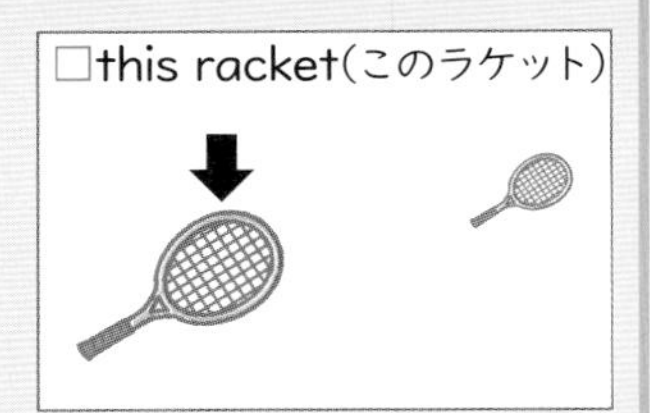

□that bag（あのかばん）

□that cap（あのぼうし）

□that racket（あのラケット）

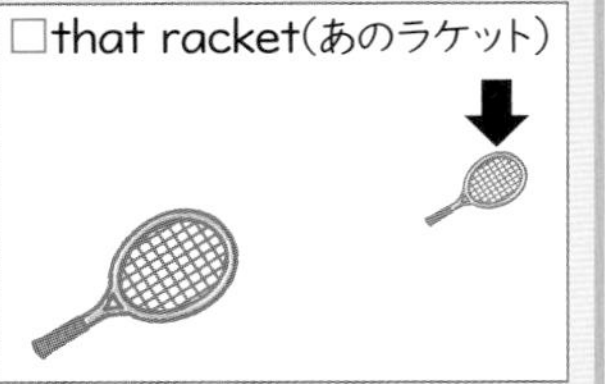

□this desk（この机(つくえ)）

□this glass（このコップ）

□this umbrella（このかさ）

□that textbook（あの教科書）
□this chair（このいす）
□that comic book（あのマンガ本）
□this tablet（このタブレット）
□that dictionary（あの辞書）
□this smartphone（このスマートフォン）

ワンポイント
相手の注目が集まるように、紹介したいものを表す言葉の部分を強くはっきり発音しよう。

これを知ったらワンダフル！
this（この）もthat（あの）も、1つのものや1人の人に使うよ。2つ以上のものや2人以上の人には、these（これらの）、those（あれらの）を使うんだ。

ぴったり2

練習

学習日　月　日

?ぴったりクイズ　答えはこのページの下にあるよ！

何でも知っている人のことを「生き字引」って言うけれど、英語では何と言うのかな？　① walking textbook　② walking dictionary　③ walking computer

教科書 40〜47 ページ

かきトリ　英語をなぞり、声に出してみましょう。

できたらチェック！　書く　話す

□この
this

□あの
that

□タブレット
tablet

ヒント
umbrella は m を n とまちがえないように。l は 2 つだよ！

□机
desk

□(ふちのない)ぼうし
cap

□かさ
umbrella

□コップ
glass

□いす
chair

□スマートフォン
smartphone

□教科書
textbook

□マンガ本
comic book

□ラケット
racket

□辞書
dictionary

□かばん
bag

□このカードを見てください。
Look at this card.

□分かった。
OK.

▶読み方が分からないときは、左のページにもどって音声を聞いてみましょう。

やりトリ　紹介したいものについて、伝えてみましょう。

できたらチェック！　書く　話す

Look at ＿＿＿＿＿＿＿＿.

OK.

つたえるコツ
this 〜(この〜)、that 〜(あの〜)の部分を発音するときは、紹介したいものが相手に伝わるように、前に出したり、指でさしたりして強調するといいよ。

▶あてはめる英語は、左のページや付録の小冊子(しょうさっし)、教科書や辞書などから探(さが)してみよう！

紹介したいものを、だれかに聞いてもらおう！

ぴったりクイズの答え　②　そのまま日本語にすると「歩く辞書」だよ。なるほど、って納得(なっとく)するよね。

Unit 4-② Who is this?

教科書 40〜47ページ　答え 8ページ

1 音声を聞き、内容に合う絵を㋐〜㋒から選び、(　　)に記号を書きましょう。

トラック99

技能 1問10点(20点)

(1) ㋐

㋑

㋒

(2) ㋐

㋑

㋒

(1) (　　　　)　(2) (　　　　)

2 音声を聞き、それぞれの人物とその人の性格を表す日本語を、線で結びましょう。

トラック100

技能 1問10点(30点)

(1)

Mr. Robinson

(2)

Daichi

(3)

Takashi

活動的な

おかしい

親切な

ふりかえり ❷が分からないときは、54ページにもどって確認してみよう。

学習日　月　日

3 日本文に合う英語の文になるように、　　の中から語を選び、　　に書き、文全体をなぞりましょう。文の最初の文字は大文字で書きましょう。

1つ5点(20点)

(1) 彼(かれ)は利口です。

＿＿ is ＿＿.

(2) この教科書を見てください。

Look at ＿＿ ＿＿.

smart　he　textbook　this

4 メモを見て、絵の女の子を紹介(しょうかい)しましょう。それぞれにあてはまる紹介文を　　の中から選び、　　に書きましょう。

思考・判断・表現　1問10点(30点)

メモ
- 名前　ディーパ
- わたしのクラスメート
- 内気な性格

(1) 名前

(2) 自分との関係

(3) 性格

She is my classmate.　She is shy.　This is Deepa.

3分でまとめ

Unit 5 Let's go to the zoo. ①

学習日　月　日

めあて　行きたいしせつなどの場所について、たずねることができる

教科書　50〜59ページ

しせつなどの場所のたずね方

ききトリ　音声を聞き、声に出してみましょう。　トラック101〜102

Where is the park?
公園はどこにありますか。

Go straight for one block.
1区画まっすぐに行ってください。

せつめい　たずねる　Where is 〜?　で、「〜はどこにありますか。」としせつなどの場所をたずねることができます。「〜」には場所をたずねたいしせつや建物を表す言葉が入ります。

ききトリ　音声を聞き、英語の言葉を言いかえて、文を読んでみましょう。　トラック103〜104

Where is the park ?

いいかえよう　しせつや建物を表す言葉

□hospital（病院）

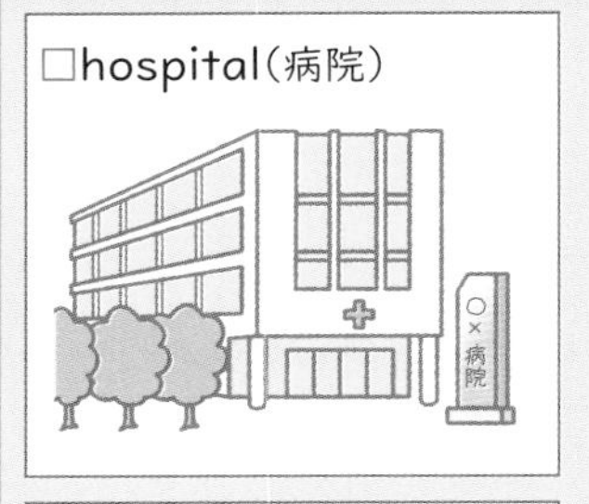

□post office（郵便局）

□bookstore（書店）

□library（図書館）

□supermarket（スーパーマーケット）

□convenience store（コンビニエンスストア）

□museum（美術館、博物館）　□station（駅）　□aquarium（水族館）
□shrine（神社）　□zoo（動物園）　□church（教会）

Go straight for one block.

ワンポイント
Where 〜?の文のように、Yes（はい）やNo（いいえ）で答えない質問文は、文の終わりを下げて読もう。

これを知ったらワンダフル！
hospitalは大きな病院のことをいうよ。眼科などの特定の分野をあつかう病院や、個人が開いている小さな病院のことはclinicというんだ。

▶小冊子のp.28〜29で、もっと言葉や表現を学ぼう！

ぴったり 2

練習

学習日　　月　　日

ぴったりクイズ　答えはこのページの下にあるよ！

現在(げんざい)、日本の郵便ポストの色は「赤」だけれど、アメリカの郵便ポストの色は何色かな？　① 黒　② 緑　③ 青

教科書　50〜59 ページ

かきトリ　英語をなぞり、声に出してみましょう。

できたらチェック！　書く　話す

□病院
hospital

□郵便局
post office

□図書館
library

□書店
bookstore

□動物園
zoo

□コンビニエンスストア
convenience store

ヒント
straight の gh は発音しないので注意しよう！

□スーパーマーケット
supermarket

□駅
station

□公園はどこにありますか。
Where is the park?

□ I 区画まっすぐに行ってください。
Go straight for one block.

▶読み方が分からないときは、左のページにもどって音声を聞いてみましょう。

やりトリ　たずねたい場所を書いて、声に出してみましょう。

できたらチェック！　書く　話す

Where is the ＿＿＿＿＿＿＿＿？

Go straight for one block.

つたえるコツ
2区画以上のときはblockの後ろにsをつけてblocksと言うよ。

▶あてはめる英語は、左のページや付録の小冊子、教科書や辞書などから探(さが)してみよう！

自分の知りたいことを、相手に質問(しつもん)してみよう！

ぴったりクイズの答え　③　世界各国には、ほかに黄色や緑色など、いろいろな色のポストがあるよ。

ぴったり1 準備

Unit 5 Let's go to the zoo. ②

学習日　　月　　日

めあて
目的地までの道順を伝えることができる

教科書 50〜59ページ

道順の伝え方

きほんのキキトリ 音声を聞き、声に出してみましょう。　トラック105〜106

(フ)ウェア　イズ　ザ　パーク
Where is the park?
公園はどこにありますか。

ターン　ライト
Turn right.
右に曲がってください。

ユー　キャン　スィー　イット　ア(ー)ン　ユア　レフト
You can see it on your left.
左側に見えます。

せつめい こたえる　Turn 〜. で、「〜に曲がってください。」と言うことができます。「右」は**right**、「左」は**left**で表します。You can see it on your 〜. で、「(あなたの)〜側に見えます。」と目的地の場所を言うことができます。**it**はすでに話題に出た目的地のことです。また、on your 〜の「〜」にもrightやleftを入れ、どちら側かを表します。

キキトリ 音声を聞き、英語の言葉を言いかえて、文を読んでみましょう。　トラック107〜110

Where is the park?

Turn right .

いいかえよう　道案内を表す言葉

□turn left
(左に曲がる)

□go straight
(まっすぐに行く)

□turn right at the corner
(角で右に曲がる)

□turn left at the corner
(角で左に曲がる)

□go up(上る)

□go down(下る)

You can see it **on your left** .

いいかえよう　道案内を表す言葉

□on your right(右側に)

□on the left corner
(左の角に)

□on the right corner
(右の角に)

ワンポイント
goをほかの語と組み合わせていろいろな道案内をすることができるよ。

これを知ったらワンダフル!
You can see it 〜.は、ほぼ同じ意味でYou can find it 〜.という言い方もできるよ。findは「〜を見つける」という意味で、【ファインド】と読むよ。

練習

学習日　月　日

?ぴったりクイズ　答えはこのページの下にあるよ！

オーストラリアにはカンガルーのシルエットが入った道路標識(ひょうしき)があるけれど、どういう意味を表しているかな？

教科書　50〜59ページ

かきトリ　英語をなぞり、声に出してみましょう。

できたらチェック！　書く　話す

□まっすぐに行く
go straight

□左に曲がる
turn left

□上る
go up

□右の角に
on the right corner

□下る
go down

□左の角に
on the left corner

□右側に
on your right

ヒント
right の gh は発音しないよ！

□右に曲がってください。
Turn right.

□左側に見えます。
You can see it on your left.

▶読み方が分からないときは、左のページにもどって音声を聞いてみましょう。

やりトリ　自分はどう答えるかを書いて、声に出してみましょう。

できたらチェック！　書く　話す

つたえるコツ
現在地(げんざいち)からスタートして、目的地までの行き方を順番に分かりやすく説明しよう。

Where is the park?

＿＿＿＿＿＿＿＿.
You can see it ＿＿＿＿＿＿＿＿.

▶あてはめる英語は、左のページや付録の小冊子(しょうさっし)、教科書や辞書などから探(さが)してみよう！

答える練習ができたら、次はだれかに質問(しつもん)してみよう！

ぴったりクイズの答え　「カンガルーの飛び出し注意」だよ。ほかにもコアラやウォンバットの標識もあるよ！

ぴったり1 準備

Unit 5 Let's go to the zoo. ③

学習日　月　日

めあて 町にあるものを伝えることができる

教科書 50～59ページ

町にあるものを伝える

ききトリ 音声を聞き、声に出してみましょう。　トラック111～112

(フ)ワット ドゥ ユー ハヴ イン ユア タウン
What do you have in your town?
あなたの町には何がありますか。

ウィー ハヴ ア ナイス レストラント
We have a nice restaurant.
すてきなレストランがあります。

せつめい

たずねる What do you have? は、「あなた(たち)は何を持っていますか。」という意味ですが、場所を表す言葉をつけて、そこに何があるかをたずねることができます。

こたえる We have ～. は、ここでは「わたしたちは(町に)～を持っています。」という意味で、自然な日本語にすると「(町に)～があります。」となります。

ききトリ 音声を聞き、英語の言葉を言いかえて、文を読んでみましょう。　トラック113～114

What do you have in your town?

We have a nice restaurant.

いいかえよう しせつや建物を表す言葉

□church(教会) 	□aquarium(水族館) 	□museum(博物館、美術館) 
□amusement park(遊園地)	□castle(城) 	□stadium(スタジアム) 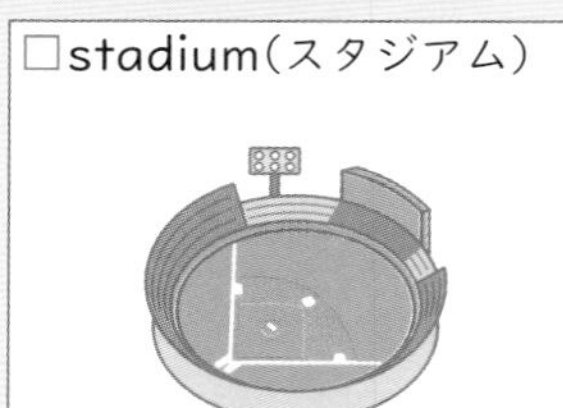
□temple(寺) 	□zoo(動物園) 	□library(図書館) 

ワンポイント
自分の町のいいところを知ってもらえるように、話題の店や名所を選ぼう。

これを知ったらワンダフル!
amusement parkのamusementは「娯楽」「楽しみ」という意味だよ。

▶ 小冊子のp.28～29で、もっと言葉や表現を学ぼう！

ぴったり2
練習

学習日　　月　　日

ぴったりクイズ　答えはこのページの下にあるよ！

多くの人のお気に入りの場所であるディズニーリゾートは、そのはっしょうの地、アメリカにいくつあるかな？

教科書　50〜59ページ

英語をなぞり、声に出してみましょう。

できたらチェック！　書く　話す

□教会
church

□スタジアム
stadium

□博物館、美術館
museum

□水族館
aquarium

ヒント
castle の t は発音しないよ！

□遊園地
amusement park

□城
castle

□寺
temple

□図書館
library

□あなたの町には何がありますか。
What do you have in your town?

□すてきなレストランがあります。
We have a nice restaurant.

▶読み方が分からないときは、左のページにもどって音声を聞いてみましょう。

やりトリ

自分はどう答えるかを書いて、声に出してみましょう。

できたらチェック！　書く　話す

What do you have in your town?

We have a nice ＿＿＿＿＿＿.

つたえるコツ
「町に〜がある」＝「自分をふくめた町の住人が〜を持っている」という意味で、we を使って「わたしたちは〜を持っています」という言い方をするよ。

▶あてはめる英語は、左のページや付録の小冊子、教科書や辞書などから探してみよう！

答える練習ができたら、次はだれかに質問してみよう！

ぴったりクイズの答え　2つだよ。カリフォルニア州にある「ディズニーランド・リゾート」と、フロリダ州の「ウォルト・ディズニー・ワールド・リゾート」だよ。

ぴったり1 準備

Unit 5 Let's go to the zoo. ④

学習日　月　日

めあて
建物やものの位置を、場所を表す言葉で伝える

教科書　50〜59 ページ

建物やものの位置の伝え方

ききトリ　音声を聞き、声に出してみましょう。　トラック115〜116

(フ)ウェア　イズ　ザ　バス　スタ(ー)ップ
Where is the bus stop?
バス停はどこにありますか。

イッツ　バイ　ザ　コンヴィーニエンス　ストー
It's by the convenience store.
それはコンビニエンスストアのそばにあります。

せつめい
たずねる　Where is ～?(～はどこにありますか。)の「～」には建物やものを表す言葉が入ります。
こたえる　It's ～.　は、「それは～にあります。」という意味で、「～」には場所を表す言葉が入ります。場所は**by**(～のそばに)、**in**(～の中に)、**on**(～の上に)、**under**(～の下に)を使って表します。

ききトリ　音声を聞き、英語の言葉を言いかえて、文を読んでみましょう。　トラック117〜120

Where is the **bus stop** ?

いいかえよう　建物や身の回りのものを表す言葉

□city hall(市役所)

□police station(警察署)

□ticket(チケット)

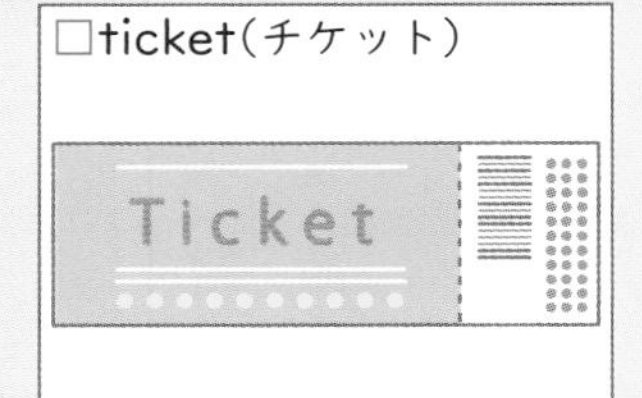

□pencil(えんぴつ)

□sticker(ステッカー)

□eraser(消しゴム)

It's **by the convenience store** .

いいかえよう　場所を表す言葉

□in the bag
(かばんの中に)

□in the park
(公園の中に)

□on the chair
(いすの上に)

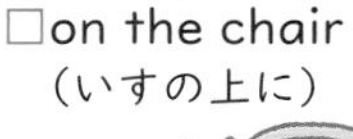

□on the desk
(机の上に)

□under the bed
(ベッドの下に)

□under the sofa
(ソファーの下に)

ワンポイント
答えるときは、場所をたずねられたものをitに置きかえて、It's ～.と言おう。It'sはIt isの短縮形だよ。

これを知ったらワンダフル!
Where ～? で、1つのものの場所をたずねるときはisを使うけれど、2つ以上のものの場所をたずねるときはareを使うよ。
(例)
Where are my two tickets?(わたしの2枚のチケットはどこにありますか。)

ぴったり2 練習

学習日　月　日

ぴったりクイズ　答えはこのページの下にあるよ！
1986年に全米で大ヒットした映画の主題歌、ベン・E・キングが歌う"Stand by Me"は、何という意味かな？
① そばにいて　② くじけないで　③ 気楽にいこう

教科書 50〜59ページ

かきトリ 英語をなぞり、声に出してみましょう。

できたらチェック！ 書く 話す

□チケット
ticket

□市役所
city hall

ヒント
city hall の hall は l が2つ続くよ！

□ステッカー
sticker

□公園の中に
in the park

□ソファーの下に
under the sofa

□かばんの中に
in the bag

□いすの上に
on the chair

□ベッドの下に
under the bed

□バス停はどこにありますか。
Where is the bus stop?

□それはコンビニエンスストアのそばにあります。
It's by the convenience store.

▶読み方が分からないときは、左のページにもどって音声を聞いてみましょう。

やりトリ 自分はどう答えるかを書いて、声に出してみましょう。

できたらチェック！ 書く 話す

Where is the pencil?

It's ＿＿＿＿＿＿＿＿＿＿.

つたえるコツ
答えるときに目印にする建物やものは、相手がよく知っているものを選ぼう。部屋の中の目立つもの、町の公共の建物などを目印にすると、伝わりやすいよ。

▶あてはめる英語は、左のページや付録の小冊子、教科書や辞書などから探してみよう！

答える練習ができたら、次はだれかに質問してみよう！

ぴったりクイズの答え
① スティーブン・キングの原作をロブ・ライナー監督が"The Body"という映画にして、日本語のタイトルは主題歌と同じ『スタンド・バイ・ミー』になったんだ。

Unit 5
Let's go to the zoo.

教科書 50～59ページ　答え 9ページ

1 音声を聞き、内容に合う絵を㋐～㋒から選び、(　　)に記号を書きましょう。

トラック121

技能　1問10点(20点)

(1) ㋐

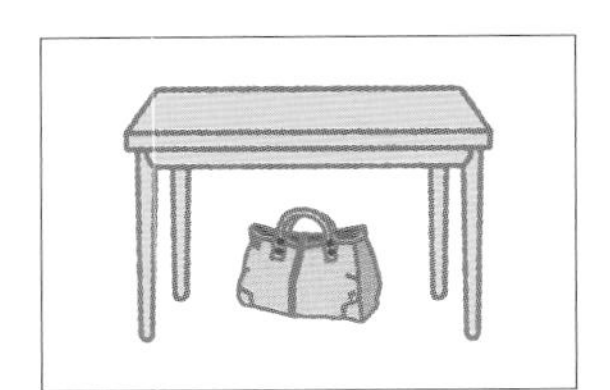

㋑

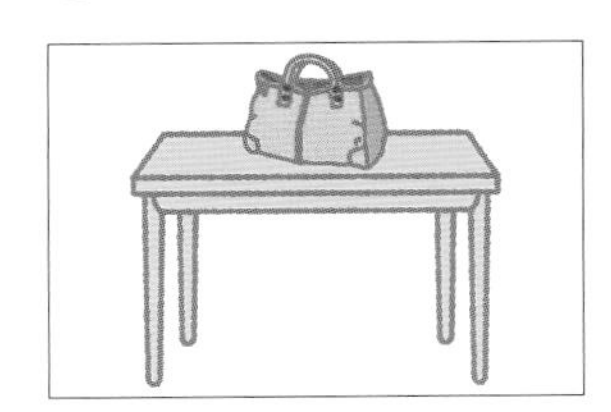

㋒

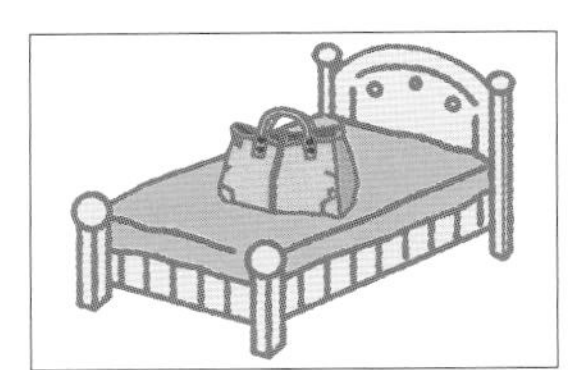

(2) ㋐

㋑

㋒

(1) (　　　　)　(2) (　　　　)

2 音声を聞き、それぞれの建物の位置を地図の㋐～㋔から選び、(　　)に記号を書きましょう。

トラック122

技能　1問15点(30点)

(1) レストラン(　　　　)　(2) 図書館(　　　　)

ふりかえり　❷が分からないときは、60・62ページにもどって確認してみよう。

学習日　月　日

3 日本文に合う英語の文になるように、□の中から語を選び、□に書き、文全体をなぞりましょう。文の最初の文字は大文字で書きましょう。

1つ5点(20点)

(1) あなたの町には何がありますか。

□ do you have □ your town?

(2) ((1)に答えて)すてきな美術館(びじゅつかん)があります。

We □ a nice □ .

in　have　museum　what

4 絵を見て、□の中から質問(しつもん)の答えを選び、□に書きましょう。

思考・判断・表現　1問10点(30点)

(1) Where is the chair?

(2) Where is the orange?

(3) Where is the racket?

It's in the bag.　It's by the desk.　It's on the desk.

ぴったり1 準備

Unit 6 At a restaurant. ①

学習日　　月　　日

めあて
料理の注文をたずねたり、答えたりできる

3分でまとめ

教科書　62〜69ページ

料理の注文のたずね方／答え方

ききトリ　音声を聞き、声に出してみましょう。　トラック123〜124

（フ）ワット　ウッド　ユー　ライク
What would you like?
何になさいますか。

アイド　ライク　ア　ハンバーガァ　アンド　ヂュース
I'd like a hamburger and juice.
わたしはハンバーガーとジュースがほしいのですが。

せつめい
たずねる　What would you like?　で、料理の注文をていねいにたずねることができます。
こたえる　I'd like 〜.　で、料理の注文をすることができます。
「〜」には注文したい料理を表す言葉が入ります。

ききトリ　音声を聞き、英語の言葉を言いかえて、文を読んでみましょう。　トラック125〜126

What would you like?

I'd like **a hamburger** and **juice** .

いいかえよう　食べ物(food)や飲み物(drinks)を表す言葉

□pizza（ピザ）	□salad（サラダ）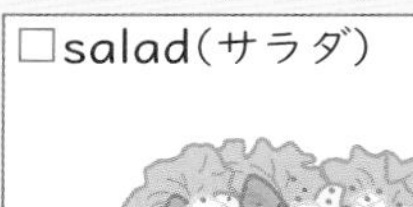	□curry and rice（カレーライス）
□coffee（コーヒー）	□a parfait（パフェ）	□steak（ステーキ）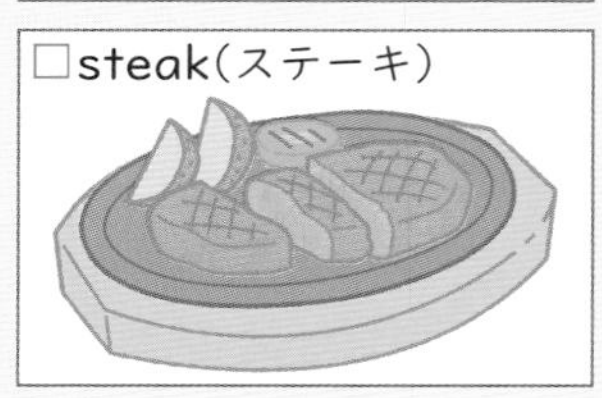
□a hot dog（ホットドッグ）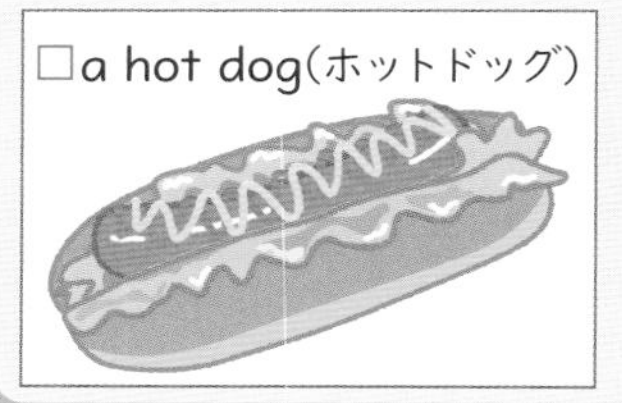	□an omelet（オムレツ）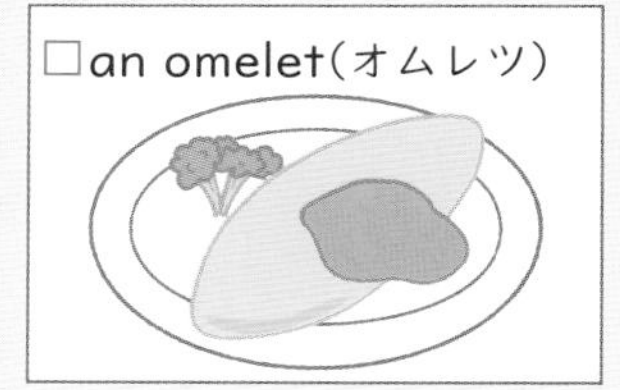	□tea（紅茶）

ワンポイント
I'd like 〜. はI want 〜. のていねいな言い方だよ。

これを知ったらワンダフル！
料理を２つ注文するときは料理名をandでつなぐよ。
（例）
pizza and coffee
（ピザとコーヒー）
３つ以上の料理のときは、最後の料理名の前にandを入れるよ。
（例）
pizza, salad, pie, and tea
（ピザ、サラダ、パイ、そして紅茶）

▶ 小冊子のp.10〜13で、もっと言葉や表現を学ぼう！

ぴったり 2

練習

学習日　　月　　日

ぴったりクイズ　答えはこのページの下にあるよ！
アメリカの定番料理と言えばハンバーガーだけれど、イギリスの定番料理と言ったら何かな？
① ミネストローネ　② フィッシュ・アンド・チップス　③ ボルシチ

教科書　62〜69 ページ

かきトリ　英語をなぞり、声に出してみましょう。

できたらチェック！　書く　話す

□ピザ
pizza

□サラダ
salad

□オムレツ
an omelet

□ステーキ
steak

□コーヒー
coffee

□カレーライス
curry and rice

□紅茶
tea

ヒント
parfait の t は発音しないよ。書き忘れないようにしよう！

□ホットドッグ
a hot dog

□パフェ
a parfait

□何になさいますか。
What would you like?

□わたしはハンバーガーとジュースがほしいのですが。
I'd like a hamburger and juice.

▶読み方が分からないときは、左のページにもどって音声を聞いてみましょう。

やりトリ　自分はどう答えるかを書いて、声に出してみましょう。

できたらチェック！　書く　話す

What would you like?

I'd like ＿＿＿＿＿＿＿＿.

つたえるコツ
I'd like 〜の最後に，please をつけると、さらにていねいな言い方になるよ。

▶あてはめる英語は、左のページや付録の小冊子、教科書や辞書などから探してみよう！

答える練習ができたら、次はだれかに質問してみよう！

ぴったりクイズの答え
② 白身魚のフライにフライドポテトをそえたものだよ。①はイタリアのスープ料理で、③はロシアのスープ料理だよ。

ぴったり1 準備

学習日　月　日

Unit 6 At a restaurant. ②

めあて
料理を提案（ていあん）したり、注文したりできる

教科書 62～69ページ

料理の提案の仕方／答え方

ききトリ 音声を聞き、声に出してみましょう。　トラック127～128

How about French fries?（ハウ アバウト フレンチ フライズ）
フライドポテトはいかがですか。

Two small French fries, please.（トゥー スモール フレンチ フライズ プリーズ）
フライドポテトの小を２つください。

せつめい
たずねる How about ～? で、「～はいかがですか。」と料理などを提案することができます。
こたえる ～, please. で、「～をください。」と料理の注文をすることができます。「～」には注文したい料理を表す言葉が入ります。料理の数やサイズは料理名の前に入ります。

ききトリ 音声を聞き、英語の言葉を言いかえて、文を読んでみましょう。　トラック129～130

How about French fries ?

いいかえよう 食べ物（food）や飲み物（drinks）を表す言葉

□ice cream（アイスクリーム）	□milk（牛乳）	□pudding（プリン）
□soup（スープ）	□pie（パイ）	□tea（紅茶（こうちゃ））
□fried chicken（フライドチキン）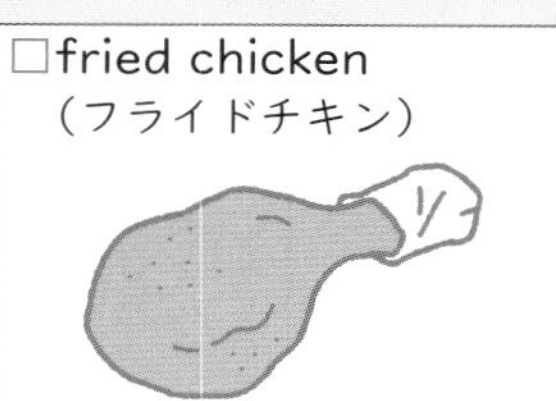	□cake（ケーキ）	□chocolate（チョコレート）

Two small French fries, please.

ワンポイント
How about ～?は「～はどうですか。」と料理以外についても聞くことができるよ。

これを知ったらワンダフル！
フライドポテトは１つ注文するときもFrench friesだよ。
（例）
フライドポテトの小1つ
→a small French fries

小冊子（しょうさっし）のp.10～13で、もっと言葉や表現（ひょうげん）を学ぼう！

ぴったり2
練習

学習日　月　日

ぴったりクイズ　答えはこのページの下にあるよ！
ピザと言えば、トマトとバジルを使ったマルゲリータピザが有名だけれど、マルゲリータという名前の由来は何かな？
① チーズの名前　② 都市の名前　③ 王妃（おうひ）の名前

教科書　62〜69ページ

かきトリ　英語をなぞり、声に出してみましょう。

できたらチェック！　書く　話す

□パイ　pie
□スープ　soup
□紅茶　tea
□フライドチキン　fried chicken
□アイスクリーム　ice cream
□プリン　pudding
□ケーキ　cake
□チョコレート　chocolate
□牛乳　milk
□フライドポテトはいかがですか。　How about French fries?
□フライドポテトの小を２つください。　Two small French fries, please.

ヒント
pudding は d が２つ続くよ。

▶読み方が分からないときは、左のページにもどって音声を聞いてみましょう。

やりトリ　料理を提案する文を完成させて、声に出してみましょう。

できたらチェック！　書く　話す

How about ＿＿＿＿＿＿＿＿?

つたえるコツ
「ごいっしょにフライドポテトはいかがですか。」はWould you like French fries with that?と言うよ。thatは先に注文した料理を指しているよ。

▶あてはめる英語は、左のページや付録の小冊子、教科書や辞書などから探（さが）してみよう！

自分のおすすめの料理を、だれかに提案してみよう！

ぴったりクイズの答え
③ 19世紀後半にイタリアの王妃マルゲリータが、ナポリを訪（おとず）れたときに出された赤（トマトの色）・緑（バジルの色）・白（チーズの色）のイタリアの国旗と同じ色をしたピザを気に入ったことから名づけられたと言われているよ。

Unit 6 At a restaurant. ③

学習日 月 日

めあて
値段(ねだん)をたずねたり、答えたりできる

教科書 62～69 ページ

値段のたずね方／答え方

音声を聞き、声に出してみましょう。 トラック131～132

It's(イッツ) 940(ナイン ハンドゥレッド アンド フォーティ) yen(イエン).
それは940円です。

せつめい
たずねる How much is ～? で、「～はいくらですか。」と値段をたずねることができます。
「～」には品物を表す言葉が入ります。
こたえる It's ～ yen. で、「それは～円です。」と金額(きんがく)を答えることができます。
「～」には金額を表す数字が入ります。

音声を聞き、英語の言葉を言いかえて、文を読んでみましょう。 トラック133～134

How much is it?

It's 940 yen.

いいかえよう 数を表す言葉

□one hundred and ten (110) 	□two hundred and forty(240) 	□three hundred(300) 
□four hundred and twenty(420) 	□five hundred and fifty(550) 	□five hundred and sixty(560) 
□six hundred and seventy(670) 	□seven hundred and thirty(730) 	□eight hundred and ten(810) 

ワンポイント
muchは「たくさん、多くの」という意味で、How muchでものの値段や量をたずねることができるよ。

これを知ったらワンダフル!
3けたの数字は、百の位とそれ以外の位を区切って読むよ。670なら600＋70と考えよう。

ぴったり 2

練習

学習日　　月　　日

ぴったりクイズ 答えはこのページの下にあるよ！

日本では長い間、値段があまり変わっていない卵が「物価の優等生」と呼ばれているけれど、アメリカで70年間、値段が変わっていない飲み物は何かな？

教科書　62～69 ページ

かきトリ 英語をなぞり、声に出してみましょう。　できたらチェック！ 書く 話す

□300

three hundred

ヒント

200 以上でも hundred に s はつかないよ。

□420

four hundred and twenty

□550

five hundred and fifty

□670

six hundred and seventy

□810

eight hundred and ten

□それはいくらですか。

How much is it?

□それは940円です。

It's 940 yen.

▶読み方が分からないときは、左のページにもどって音声を聞いてみましょう。

やりトリ 自分はどう答えるかを書いて、声に出してみましょう。　できたらチェック！ 書く 話す

How much is it?

It's ______ yen.

つたえるコツ

品物を表す言葉ではなく、it（それは）を使うときは、どの品物か分かるように指でさすと相手に伝わりやすいよ。

▶あてはめる英語は、左のページや付録の小冊子、教科書や辞書などから探してみよう！

答える練習ができたら、次はだれかに質問してみよう！

ぴったりクイズの答え コカ・コーラだよ。今や、世界中で飲まれているね。

Unit 6 At a restaurant.

教科書 62～69ページ　答え 10ページ

1 音声を聞き、内容に合う絵を㋐～㋒から選び、(　　)に記号を書きましょう。

トラック135

技能 1問10点(20点)

㋐ 

㋑ 

㋒ 

(1) (　　　　)　(2) (　　　　)

2 音声を聞き、それぞれの人物と注文したもの、その値段を線で結びましょう。

トラック136

技能 1問完答10点(40点)

(1)  ・　・  ・　・ 200 円

(2)  ・　・  ・　・ 

(3)  ・　・ 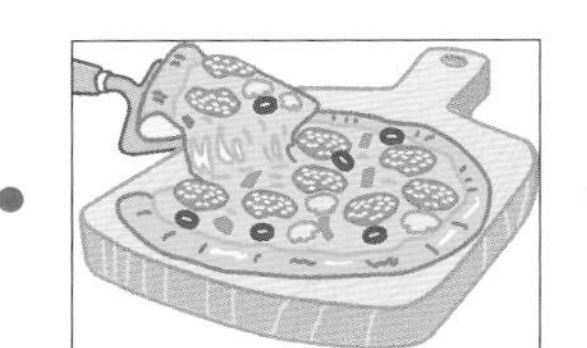 ・　・ 

(4)  ・　・ 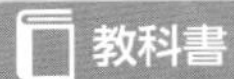 ・　・ 570 円

ふりかえり ②が分からないときは、70・74ページにもどって確認してみよう。

この本の終わりにある「冬のチャレンジテスト」をやってみよう！

3 日本文に合う英語の文になるように、［　］の中から語を選び、□に書き、文全体をなぞりましょう。文の最初の文字は大文字で書きましょう。

1つ5点(20点)

(1) 何になさいますか。

□ □ you like?

(2) ((1)に答えて)わたしはステーキとサラダがほしいのですが。

□ like steak and salad.

(3) それは230円です。

□ 230 yen.

I'd　would　it's　what

4 絵の中の男の子のセリフを［　］の中から選び、［　］に書きましょう。

思考・判断・表現　1問10点(20点)

(1)

(2)

I'd like a parfait.　540 yen, please.

How much is it?

3分でまとめ

Unit 7 Welcome to Japan! ①

学習日　　月　　日

めあて
行きたい日本の都道府県や都市をたずねたり、答えたりできる

教科書　74～81 ページ

行きたい日本の都道府県や都市のたずね方／答え方

ききトリ 音声を聞き、声に出してみましょう。　トラック137～138

(フ)ウェア　ドゥ　ユー　ワ(ー)ント　トゥー　ゴウ　イン　ジャパン
Where do you want to go in Japan?
あなたは日本でどこに行きたいですか。

アイ　ワ(ー)ント　トゥー　ゴウ　トゥー　シガ
I want to go to Shiga.
わたしは滋賀(しが)に行きたいです。

せつめい
たずねる Where do you want to go in Japan?　で、行きたい日本の場所をたずねることができます。
こたえる I want to go to ～.　で、行きたい都道府県や都市を答えることができます。「～」には都道府県名や都市名が入ります。

ききトリ 音声を聞き、英語の言葉を言いかえて、文を読んでみましょう。　トラック139～140

Where do you want to go in Japan?

I want to go to **Shiga** .

いいかえよう 都道府県や都市を表す言葉

□Hokkaido(北海道)

□Tokyo(東京)

□Yokohama(横浜(よこはま))

□Osaka(大阪(おおさか))

□Fukuoka(福岡(ふくおか))

□Okinawa(沖縄(おきなわ))

□Sapporo(札幌(さっぽろ))
□Yamanashi(山梨(やまなし))
□Kyoto(京都)
□Hiroshima(広島)
□Miyagi(宮城(みやぎ))
□Gifu(岐阜(ぎふ))
□Kobe(神戸(こうべ))
□Kagawa(香川(かがわ))
□Gunma(群馬(ぐんま))
□Nagoya(名古屋)
□Okayama(岡山(おかやま))
□Kagoshima(鹿児島(かごしま))

ワンポイント
Where do you ～?で「あなたはどこへ[どこで]～しますか。」という意味だよ。

これを知ったらワンダフル!
都道府県名や都市名は大文字で書き始めるよ。行きたい場所が「公園」や「博物館」ならaやtheを前に置くよ。
(例)
a[the] park(公園)
a[the] museum(博物館)

ぴったり2

練習

学習日　　月　　日

?ぴったりクイズ　答えはこのページの下にあるよ！

外国人が最も多く訪れる日本の観光地はどこかな？　都道府県で答えてね。

教科書　74〜81ページ

かきトリ　英語をなぞり、声に出してみましょう。

できたらチェック！　書く　話す

□北海道 Hokkaido　□京都 Kyoto　□岐阜 Gifu

□群馬 Gunma　□東京 Tokyo　□大阪 Osaka

□福岡 Fukuoka　□沖縄 Okinawa

□札幌 Sapporo　□横浜 Yokohama

□あなたは日本でどこに行きたいですか。

Where do you want to go in Japan?

□わたしは滋賀に行きたいです。

I want to go to Shiga.

▶読み方が分からないときは、左のページにもどって音声を聞いてみましょう。

やりトリ　自分はどう答えるかを書いて、声に出してみましょう。

できたらチェック！　書く　話す

Where do you want to go in Japan?

I want to go to ＿＿＿＿＿＿＿＿.

▶あてはめる英語は、左のページや付録の小冊子、教科書や辞書などから探してみよう！

つたえるコツ

want to go to 〜(〜に行きたい)のほかに、want to visit 〜(〜を訪問したい)や want to go on a trip to 〜(旅行で〜に行きたい)という言い方もあるよ。

答える練習ができたら、次はだれかに質問してみよう！

ぴったりクイズの答え　東京だよ。2位が大阪、3位は京都だよ。(2023年)

ぴったり1 準備

Unit 7 Welcome to Japan! ②

学習日　月　日

めあて　行きたい理由をたずねたり、答えたりできる

教科書　74～81ページ

行きたい理由のたずね方／答え方

ききトリ　音声を聞き、声に出してみましょう。　トラック141～142

(フ)ワイ　ドゥ　ユー　ワ(ー)ント　トゥー　ゴウ　トゥー　シガ
Why do you want to go to Shiga?
あなたはなぜ滋賀(しが)に行きたいのですか。

アイ　ワ(ー)ント　トゥー　ゴウ　トゥー　レイク　ビワ
I want to go to Lake Biwa.
わたしは琵琶湖(びわこ)に行きたいのです。

せつめい
たずねる　Why do you want to go to ～?　で、ある場所に行きたい理由をたずねることができます。「～」にはその場所を表す言葉が入ります。
こたえる　I want to ～.　で、「わたしは～したい(の)です。」と答えることができます。「～」にはその場所でしたいことが入ります。

ききトリ　音声を聞き、英語の言葉を言いかえて、文を読んでみましょう。　トラック143～144

Why do you want to go to Shiga?

I want to go to Lake Biwa.

いいかえよう　動作を表す言葉

□go to Lake Toyoni
(豊似湖(とよにこ)へ行く)

□eat beef
(牛肉を食べる)

□see Chinatown
(中華街(ちゅうかがい)を見る)

□go to the shrine
(神社へ行く)

□eat *takoyaki*
(たこ焼きを食べる)

□see the festival
(祭りを見る)

□swim in the sea
(海で泳ぐ)

□buy a fan
(扇子(せんす)を買う)

□see Mt. Fuji
(富士山(ふじさん)を見る)

ワンポイント
want to ～で「～したい」という意味だよ。「～」には動作を表す言葉が入るよ。

これを知ったらワンダフル!
Why ～?(なぜ～)という質問(しつもん)には、Because ～(なぜなら～だから)という答え方もあるよ。
(例)
Why do you want to go to Shiga?
(あなたはなぜ滋賀に行きたいのですか。)
Because I want to go to Lake Biwa.
(わたしは琵琶湖に行きたいからです。)

ぴったり2
練習

学習日　　月　　日

ぴったりクイズ
答えはこのページの下にあるよ！

アメリカの大手旅行雑誌会社が行った「2023年世界の人気都市トップ25」で、京都の順位はどれかな？　①　3位　②　7位　③　25位

教科書　74〜81ページ

かきトリ　英語をなぞり、声に出してみましょう。
できたらチェック！　書く　話す

□富士山を見る
see Mt. Fuji

□牛肉を食べる
eat beef

□中華街を見る
see Chinatown

ヒント
Chinatownは1つの言葉なので、Chinaとtownは区切らないよ。

□神社へ行く
go to the shrine

□祭りを見る
see the festival

□扇子を買う
buy a fan

□あなたはなぜ滋賀に行きたいのですか。
Why do you want to go to Shiga?

□わたしは琵琶湖に行きたいのです。
I want to go to Lake Biwa.

▶読み方が分からないときは、左のページにもどって音声を聞いてみましょう。

やりトリ　行きたい場所とその理由を書いて、声に出してみましょう。
できたらチェック！　書く　話す

Why do you want to go to ＿＿＿＿＿＿＿＿?

I want to ＿＿＿＿＿＿＿＿.

▶あてはめる英語は、左のページや付録の小冊子、教科書や辞書などから探してみよう！

つたえるコツ
理由にふくまれている、その土地の名物や名所について、相手は知らないかもしれないよ。分かるように説明を加えてみよう。

練習できたら、次はだれかに質問してみよう！

ぴったりクイズの答え　①　②は東京、③は大阪だよ。ちなみに1位はメキシコのオアハカ、2位はインドのウダイプルという都市だったんだ。

Unit 7-① Welcome to Japan!

教科書 74～81 ページ　答え 11 ページ

1 音声を聞き、内容に合う絵を㋐～㋒から選び、(　　)に記号を書きましょう。

トラック145

技能 1問5点(10点)

㋐

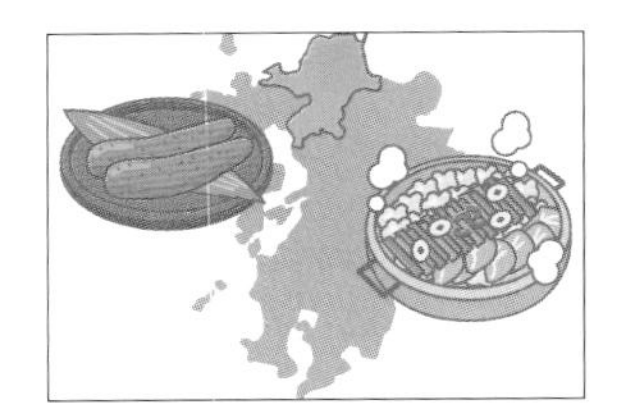

Fukuoka

㋑

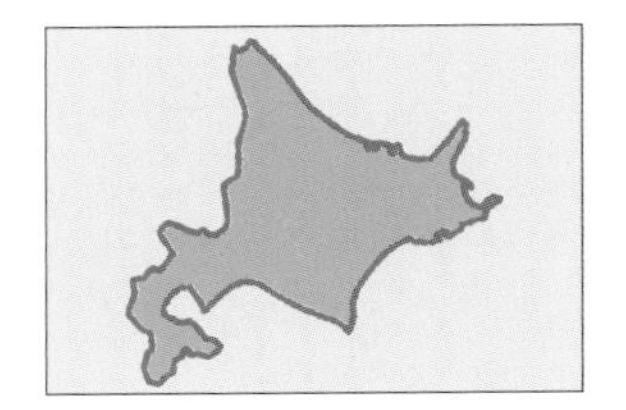

Hokkaido

㋒

Okinawa

(1) (　　　　)　(2) (　　　　)

2 音声を聞き、それぞれの人物と行きたい場所、行きたい理由を線で結びましょう。

トラック146

技能 1問完答8点(24点)

(1)

Saki

Gifu

(2)

Sophia

Yokohama

(3)

Lucas

Kyoto

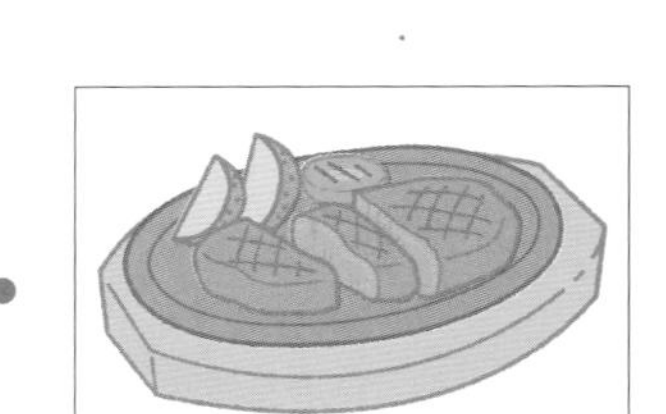

❷が分からないときは、80ページにもどって確認してみよう。

学習日 月 日

3 日本文に合う英語の文になるように、[ ]の中から語を選び、[ ]に書き、文全体をなぞりましょう。2回以上使う語もあります。文の最初の文字は大文字で書きましょう。

1つ6点(42点)

(1) わたしは滋賀(しが)に行きたいです。

I ____ ____ go to Shiga.

(2) ((1)を聞いて)なぜあなたは滋賀に行きたいのですか。

____ do you ____ ____ go to Shiga?

(3) ((2)に答えて)わたしは琵琶湖(びわこ)に行きたいのです。

I ____ ____ go to Lake Biwa.

want　why　to

4 絵を見て、[ ]の中から質問(しつもん)の答えを選び、[ ]に書きましょう。

思考・判断・表現　1問12点(24点)

(1) Where do you want to go in Japan?

(2) Why do you want to go to Yamanashi?

I want to go to Tokyo.　I want to see Mt. Fuji.

ぴったり1 準備

3分でまとめ

Unit 7
Welcome to Japan! ③

学習日　月　日

めあて
したいことをたずねたり、答えたりできる

教科書　74～81 ページ

したいことのたずね方／答え方

きまトリ　音声を聞き、声に出してみましょう。　トラック147～148

(フ)ワット　ドゥ　ユー　ワ(ー)ント　トゥードゥー　イン　レイク　ビワ
What do you want to do in Lake Biwa?
あなたは琵琶湖で何をしたいですか。

アイ　ワ(ー)ント　トゥー　ゴウ　フィッシング　イッツ　イクサイティング
I want to go fishing. It's exciting.
わたしは魚つりに行きたいです。それはわくわくします。

せつめい
たずねる　What do you want to do in ～?　で、ある場所でしたいことをたずねることができます。「～」にはその場所を表す言葉が入ります。
こたえる　I want to ～.　で、「わたしは～したいです。」と答えることができます。「～」には、その場所でしたいことが入ります。

きまトリ　音声を聞き、英語の言葉を言いかえて、文を読んでみましょう。　トラック149～150

What do you want to do in Lake Biwa?

I want to go fishing. It's exciting.

いいかえよう　動作を表す言葉

□go hiking
（ハイキングに行く）

□eat ramen
（ラーメンを食べる）

□see the castle
（城を見る）

□go to the temple
（寺に行く）

□eat *kibidango*
（きびだんごを食べる）

□buy a teapot
（急須を買う）

□go to the *onsen*
（温泉に行く）

□see the snow festival
（雪祭りを見る）

□take a sand bath
（砂風呂に入る）

ワンポイント
go ～ingで「～しに行く」という意味を表すよ。

これを知ったらワンダフル！
onsen(温泉)やramen(ラーメン)のように、そのままで英語として通じる日本語はいろいろあるよ。
(例)
sushi(寿司)
tempura(天ぷら)
sukiyaki(すきやき)
manga(マンガ)
kabuki(歌舞伎)

ぴったり2

練習

学習日　　月　　日

ぴったりクイズ　答えはこのページの下にあるよ！

今や和食は外国人にも大人気だね。5つの味覚の要素とは、かん味(sweet)、塩味(salty)、苦味(bitter)、酸味(sour)と、あと1つは何かな？

教科書　74〜81 ページ

かきトリ　英語をなぞり、声に出してみましょう。

できたらチェック！　書く　話す

□ラーメンを食べる
eat ramen

□温泉に行く
go to the onsen

□急須を買う
buy a teapot

□ハイキングに行く
go hiking

□城を見る
see the castle

□きびだんごを食べる
eat kibidango

□あなたは琵琶湖で何をしたいですか。
What do you want to do in Lake Biwa?

□わたしは魚つりに行きたいです。
I want to go fishing.

□それはわくわくします。
It's exciting.

▶読み方が分からないときは、左のページにもどって音声を聞いてみましょう。

やりトリ　行きたい場所でしたいことを書いて、声に出してみましょう。

できたらチェック！　書く　話す

What do you want to do in ＿＿＿＿＿＿＿＿?

I want to ＿＿＿＿＿＿＿＿.
It's exciting.

つたえるコツ

It's exciting.(それはわくわくします。)のような説明をつけることで、とても楽しいことだと伝わるよ。

▶あてはめる英語は、左のページや付録の小冊子、教科書や辞書などから探してみよう！

練習できたら、次はだれかに質問してみよう！

ぴったりクイズの答え　「うま味」だよ。日本人の化学者が1908年に、「だしこんぶ」の中から発見したんだ。英語でも、そのままumamiと言うよ。

Unit 7-② Welcome to Japan!

教科書 74～81ページ　答え 12ページ

1 音声を聞き、内容に合う絵を㋐～㋒から選び、(　)に記号を書きましょう。

トラック151

技能 1問10点(20点)

㋐

㋑

㋒

(1) (　　　)　(2) (　　　)

2 音声を聞き、それぞれの人物と、ある土地でしたいことを線で結びましょう。

トラック152

技能 1問10点(30点)

(1)

Lucas

(2)

Deepa

(3)

Daichi

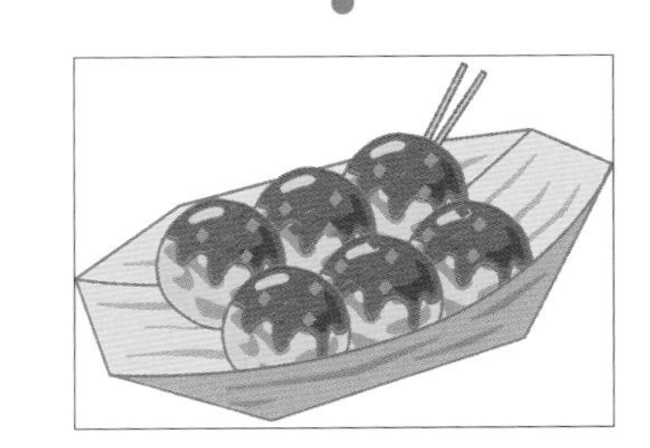

ふりかえり ②が分からないときは、84ページにもどって確認してみよう。

学習日　月　日

3 日本文に合う英語の文になるように、[　]の中から語を選び、[　]に書き、文全体をなぞりましょう。文の最初の文字は大文字で書きましょう。

1つ5点(20点)

(1) あなたは琵琶湖(びわこ)で何をしたいですか。

[　] [　] you want to do in Lake Biwa?

(2) ((1)に答えて)わたしは魚つりに行きたいです。

I want to [　] [　].

go　what　do　fishing

4 女の子がスピーチをします。絵の内容に合うように、[　]の中から語句を選び、[　]に書き、文全体をなぞりましょう。

思考・判断・表現　1問15点(30点)

Sapporo

(1) I want to [　].

(2) I want to see [　].

the snow festival　a sand bath　go to Sapporo

Unit 8 Who is your hero? ①

めあて
あこがれの人はだれかをたずねたり、その人の名前や職業を答えたりできる

教科書 84〜91ページ

あこがれの人のたずね方／答え方

ききトリ 音声を聞き、声に出してみましょう。 トラック153〜154

フー イズ ユア ヒーロウ
Who is your hero?
あなたのヒーローはだれですか。

マイ ヒーロウ イズ マツヤマ ヒデキ
My hero is Matsuyama Hideki.
わたしのヒーローは松山英樹です。

ヒー イズ ア ゴールファ
He is a golfer.
彼はゴルファーです。

せつめい
たずねる Who is your hero? で、相手にとってのヒーローをたずねることができます。
こたえる My hero is 〜. で、「わたしのヒーローは〜です。」と答えることができます。
「〜」には、その人の名前が入ります。
He is 〜. の「〜」に職業名を入れると、その人の職業を言うことができます。

ききトリ 音声を聞き、英語の言葉を言いかえて、文を読んでみましょう。 トラック155〜158

Who is your hero?

My hero is **Matsuyama Hideki**.

いいかえよう 名前(name)や家族(family)を表す言葉

- □Mr. Robinson(ロビンソンさん)
- □Ms. Baker(ベーカーさん)
- □my father(わたしの父)
- □my mother(わたしの母)
- □my brother(わたしの兄[弟])
- □my sister(わたしの姉[妹])

紹介するヒーローの性別に合わせて、He(彼は)とShe(彼女は)を使い分けるよ。

He/She is **a golfer**.

いいかえよう 職業(job)を表す言葉

- □a pilot(パイロット)

- □a cook(コック、料理人)

- □a doctor(医者)

- □an artist(芸術家)

- □a scientist(科学者)
- □a teacher(先生)
- □a vet(獣医)
- □a farmer(農場主)
- □a baker(パン焼き職人)
- □a nurse(看護師)
- □an office worker(会社員)
- □a singer(歌手)
- □a comedian(お笑い芸人)

scientistのistは「人」を表す言葉を作るよ。
(例)
art(芸術)＋ist
→artist(芸術家)
piano(ピアノ)＋ist
→pianist(ピアニスト)

ぴったり2

練習

学習日　　月　　日

?ぴったりクイズ　答えはこのページの下にあるよ！

アメリカ映画(えいが)の有名なヒーローであるスパイダーマンの表向きの顔は何かな？　① 大学生　② 新聞記者　③ ジムトレーナー

教科書　84〜91 ページ

かきトリ　英語をなぞり、声に出してみましょう。

できたらチェック！　書く　話す

□わたしの父
my father

□わたしの姉[妹]
my sister

ヒント
ローマ字の「つ」は tsu と書くよ。

□先生
a teacher

□科学者
a scientist

□コック、料理人
a cook

□医者
a doctor

□パイロット
a pilot

□あなたのヒーローはだれですか。
Who is your hero?

□わたしのヒーローは松山英樹です。
My hero is Matsuyama Hideki.

□彼はゴルファーです。
He is a golfer.

▶読み方が分からないときは、左のページにもどって音声を聞いてみましょう。

やりトリ　自分はどう答えるかを書いて、声に出してみましょう。

できたらチェック！　書く　話す

Who is your hero?

My hero is ＿＿＿＿＿＿＿＿.

[He/She] is ＿＿＿＿＿＿＿＿.

つたえるコツ
人の名前を言うとき、主に英語を話す国の人は、名→姓(せい)の順に言うけれど、日本人の名前はふつう、姓→名の順に言うよ。

▶あてはめる英語は、左のページや付録の小冊子(しょうさっし)、教科書や辞書などから探(さが)してみよう！

答える練習ができたら、次はだれかに質問(しつもん)してみよう！

ぴったりクイズの答え　① 大学生だよ。ちなみに②の新聞記者はスーパーマンの表向きの顔だよ。

ぴったり1 準備

Unit 8 Who is your hero? ②

学習日　　月　　日

めあて
あこがれる理由をたずねたり、答えたりすることができる

教科書 84～91 ページ

あこがれる理由のたずね方／答え方

ききトリ 音声を聞き、声に出してみましょう。　トラック159～160

(フ)ワイ イズ ヒー ユア ヒーロウ
Why is he your hero?
なぜ彼(かれ)はあなたのヒーローなのですか。

ヒー イズ グッド アット ラニング
He is good at running.
彼は走ることが得意(とくい)なのです。

ヒー イズ カインド
He is kind.
彼は親切です。

せつめい
たずねる　Why is he your hero?　で、なぜその人がヒーローなのかをたずねることができます。
こたえる　He is good at ～.　で、「彼は～が得意です。」と言うことができます。
「～」には、「～すること」という意味の〈動作を表す言葉＋ing〉やスポーツ名、教科名などが入ります。

ききトリ 音声を聞き、英語の言葉を言いかえて、文を読んでみましょう。　トラック161～162

Why is he/she your hero?

He/She is good at running .

いいかえよう　動作を表す言葉＋ing

□singing
(歌うこと)

□cooking
(料理をすること)

□swimming
(泳ぐこと)

□playing baseball
(野球をすること)

□dancing
(踊(おど)ること)

□drawing
(絵をかくこと)

□skating
(スケートをすること)

□playing *shogi*
(将棋(しょうぎ)をすること)

□speaking English
(英語を話すこと)

□playing the piano
(ピアノをひくこと)

□doing judo
(柔道(じゅうどう)をすること)

□playing the guitar
(ギターをひくこと)

He/She is kind.

ワンポイント
is good at ～で「～が得意(上手)です」という意味だよ。

これを知ったらワンダフル！
is good at ～のisは、主語に合わせてam, areと使い分けるよ。
(例)
I am good at singing.
(わたしは歌うことが得意です。)
You are good at cooking.
(あなたは料理をすることが上手です。)

ぴったり2

練習

学習日　月　日

ぴったりクイズ　答えはこのページの下にあるよ！

ドイツ生まれの世界的な物理学者アインシュタインが得意だった意外なものは何かな？　① 料理　② サッカー　③ バイオリン

教科書　84〜91ページ

かきトリ　英語をなぞり、声に出してみましょう。

できたらチェック！　書く　話す

□歌うこと
singing

□英語を話すこと
speaking English

□ピアノをひくこと
playing the piano

ヒント
swimming は m が2つ続くよ。

□料理をすること
cooking

□泳ぐこと
swimming

□なぜ彼はあなたのヒーローなのですか。
Why is he your hero?

□彼は走ることが得意なのです。
He is good at running.

□彼は親切です。
He is kind.

▶読み方が分からないときは、左のページにもどって音声を聞いてみましょう。

やりトリ　自分はどう答えるかを書いて、声に出してみましょう。

できたらチェック！　書く　話す

Why is [he/she] your hero?

[He/She] is good at ＿＿＿＿＿＿＿＿＿＿＿＿. [He/She] is kind.

つたえるコツ
あこがれる理由として得意なこと、上手なことを聞いたら、I see.(なるほど。) や Great! (すごいね！) と返すといいよ。

▶あてはめる英語は、左のページや付録の小冊子(しょうさっし)、教科書や辞書などから探(さが)してみよう！

答える練習ができたら、次はだれかに質問(しつもん)してみよう！

ぴったりクイズの答え　③ 幼少のころからバイオリンを習っていて、モーツァルトが大好きだったんだよ。

ぴったり1 準備

Unit 8 Who is your hero? ③

学習日 月 日

めあて 自分と相手以外の人について、できることをたずねたり答えたりできる

教科書 84～91ページ

自分と相手以外の人ができることのたずね方／答え方

ききトリ 音声を聞き、声に出してみましょう。 トラック163～164

I have a question. Can he speak English well?
質問があります。彼は英語を上手に話すことができますか。

Yes, he can. / No, he can't.
はい、できます。 / いいえ、できません。

せつめい たずねる Can he ～? で、自分と相手以外の男性について、「彼は～できますか。」とたずねることができます。「～」には動作を表す言葉が入ります。

こたえる Yes, he can. / No, he can't. で、Can he ～?の質問に「はい、できます。」「いいえ、できません。」と答えることができます。

ききトリ 音声を聞き、英語の言葉を言いかえて、文を読んでみましょう。 トラック165～166

I have a question.

Can he/she speak English well?

いいかえよう 動作を表す言葉

□play tennis well（テニスを上手にする）	□kick a ball well（ボールを上手にける）	□run fast（速く走る）
□play the guitar well（ギターを上手にひく）	□sing a song well（歌を上手に歌う）	□jump rope fast（速く縄とびをする）

できると答えるとき

Yes, he/she can.

できないと答えるとき

No, he/she can't.

ワンポイント
question（質問）は１つ、２つ…と数えられるよ。２つ以上なら〈数＋questions〉で表すよ。

これを知ったらワンダフル！
Can ～?の疑問文は、heやshe以外に人の名前も使うことができるよ。答えるときは、その人の性別でheとsheを使い分けるよ。
（例）
Can Saki cook?
（サキは料理ができますか。）
Yes, she can.
（はい、できます。）
No, she can't.
（いいえ、できません。）

▶小冊子のp.24～25で、もっと言葉や表現を学ぼう！

ぴったり2

練習

学習日　月　日

ぴったりクイズ 答えはこのページの下にあるよ！

カナダでは、英語とは別にもう１つの言葉が話されているよ。何語かな？
① フィンランド語　② フランス語　③ ギリシャ語

教科書 84～91 ページ

かきトリ 英語をなぞり、声に出してみましょう。

できたらチェック！ 書く 話す

□ボールを上手にける

kick a ball well

□速く走る

run fast

□速く縄とびをする

jump rope fast

ヒント
「ジャンプ」の「ン」は m で表すよ。

□ギターを上手にひく

play the guitar well

□質問があります。

I have a question.

□彼は英語を上手に話すことができますか。

Can he speak English well?

□はい、できます。

Yes, he can.

□いいえ、できません。

No, he can't.

▶読み方が分からないときは、左のページにもどって音声を聞いてみましょう。

やりトリ できることをたずねる表現を書いて、声に出してみましょう。

できたらチェック！ 書く 話す

I have a question.
Can [he/she] ________ ?

Yes, [he/she] can. / No, [he/she] can't.

つたえるコツ
Can ～? の質問は、文の終わりを上げ調子で読むよ。

▶あてはめる英語は、左のページや付録の小冊子、教科書や辞書などから探してみよう！

自分の知りたいことを、相手に質問してみよう！

ぴったりクイズの答え ② 17世紀にフランスからカナダに移住したフランス人から広まったよ。

Unit 8
Who is your hero?

教科書 84～91ページ　答え 13ページ

1 音声を聞き、内容に合う絵を㋐～㋒から選び、（　　）に記号を書きましょう。　トラック167

技能　1問10点(20点)

㋐

㋑

㋒

(1) (　　　　)　(2) (　　　　)

2 音声を聞き、それぞれの人物と得意なことを線で結びましょう。　トラック168

技能　1問10点(40点)

(1)

Ken ・　　　・ 

(2)

Mika ・　　　・ 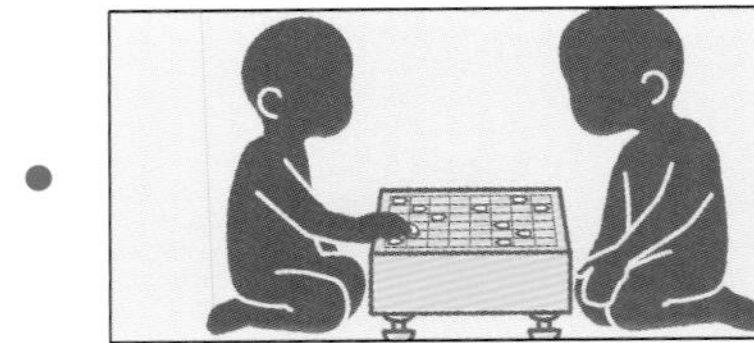

(3)

Saki ・　　　・ 

(4)

Lucas ・　　　・ 

ふりかえり　2が分からないときは、90ページにもどって確認してみよう。

学習日 月 日

3 日本文に合う英語の文になるように、□の中から語を選び、□に書き、文全体をなぞりましょう。文の最初の文字は大文字で書きましょう。

1つ5点(20点)

(1) あなたのヒーローはだれですか。

□ is your hero?

(2) なぜ彼女(かのじょ)はあなたのヒーローなのですか。

□ is she your hero?

(3) 彼は泳ぐことが得意です。

He is □ at □.

swimming　who　good　why

4 ソフィアが友達の男の子について、2つの質問(しつもん)をされて答えています。絵を見て、それぞれの答えの文に合う質問文を□の中から選び、□に書きましょう。

思考・判断・表現　1問10点(20点)

(1) ______________________

— Yes, he can.

(2) ______________________

— No, he can't.

Can he sing a song well?　Can he play the guitar well?

この本の終わりにある「春のチャレンジテスト」をやってみよう！

この本の終わりにある「学力診断テスト」をやってみよう！

学習日　　月　　日

パズルにチャレンジ！

1 絵に合う英語を３つ見つけて○でかこみましょう。

s	l	e	e	p	y	s	k
z	f	u	q	m	l	a	s
b	a	s	e	b	a	l	l
t	v	y	w	d	e	a	c
g	b	m	z	r	i	b	t
u	m	b	r	e	l	l	a

2 絵に合う英語になるように、□にアルファベットを書きましょう。

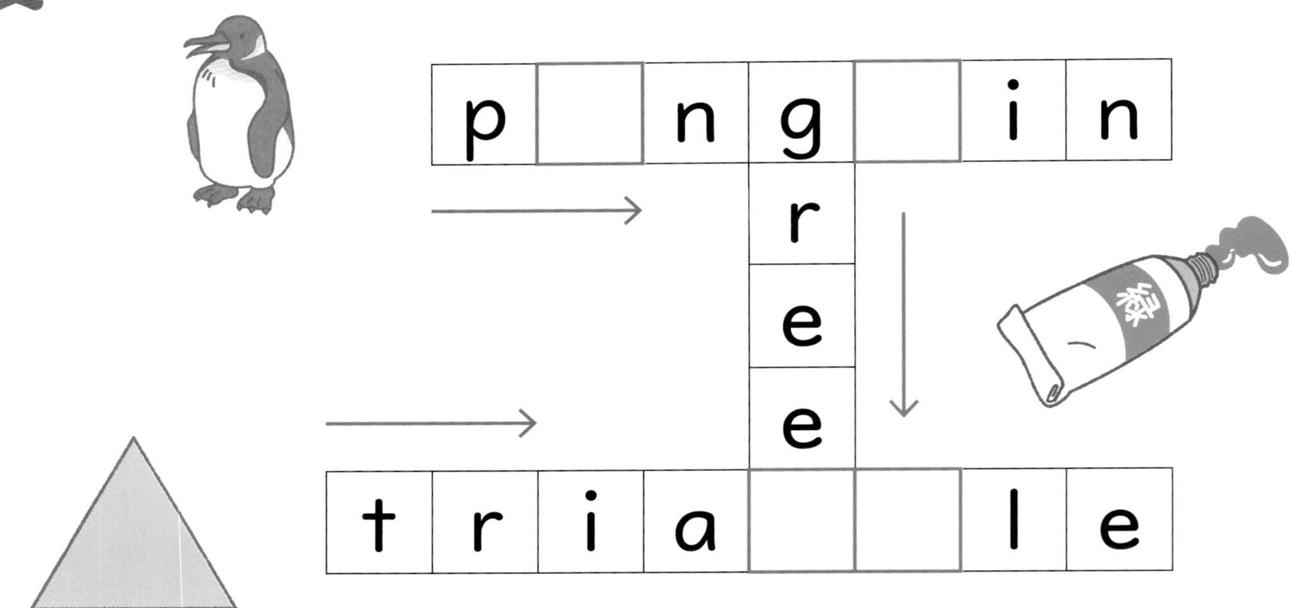

【こたえ】

1

s	l	e	e	p	y	s	k
z	f	u	q	m	l	a	s
b	a	s	e	b	a	l	l
t	v	y	w	d	e	a	c
g	b	m	z	r	i	b	t
u	m	b	r	e	l	l	a

2

p e n g u i n
r
e
e
t r i a n g l e

スピーキングにチャレンジ

このマークがあるページで、アプリを使うよ！

はじめに

- この章は、ふろくの専用アプリ「ぴたトレスピーキング」を使用して学習します。
  以下のストアから「ぴたトレスピーキング」と検索、ダウンロードしてください。

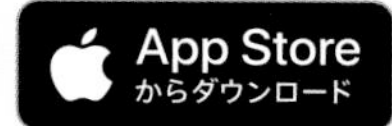

- 学習する学年をえらんだら、以下のアクセスコードを入力してご利用ください。

426　※このアクセスコードは学年によって異なります。

- くわしい使い方は、アプリの中の「このアプリについて」をご確認ください。

アプリのせつめい

- このアプリでは、英語を話す練習ができます。
- 会話のときは、役になりきって、じっさいの会話のようにターンごとに練習することができます。
- スコアは「発音」「よくよう（アクセント）」をもとに判定されます。

スピーキング紙面のせつめい

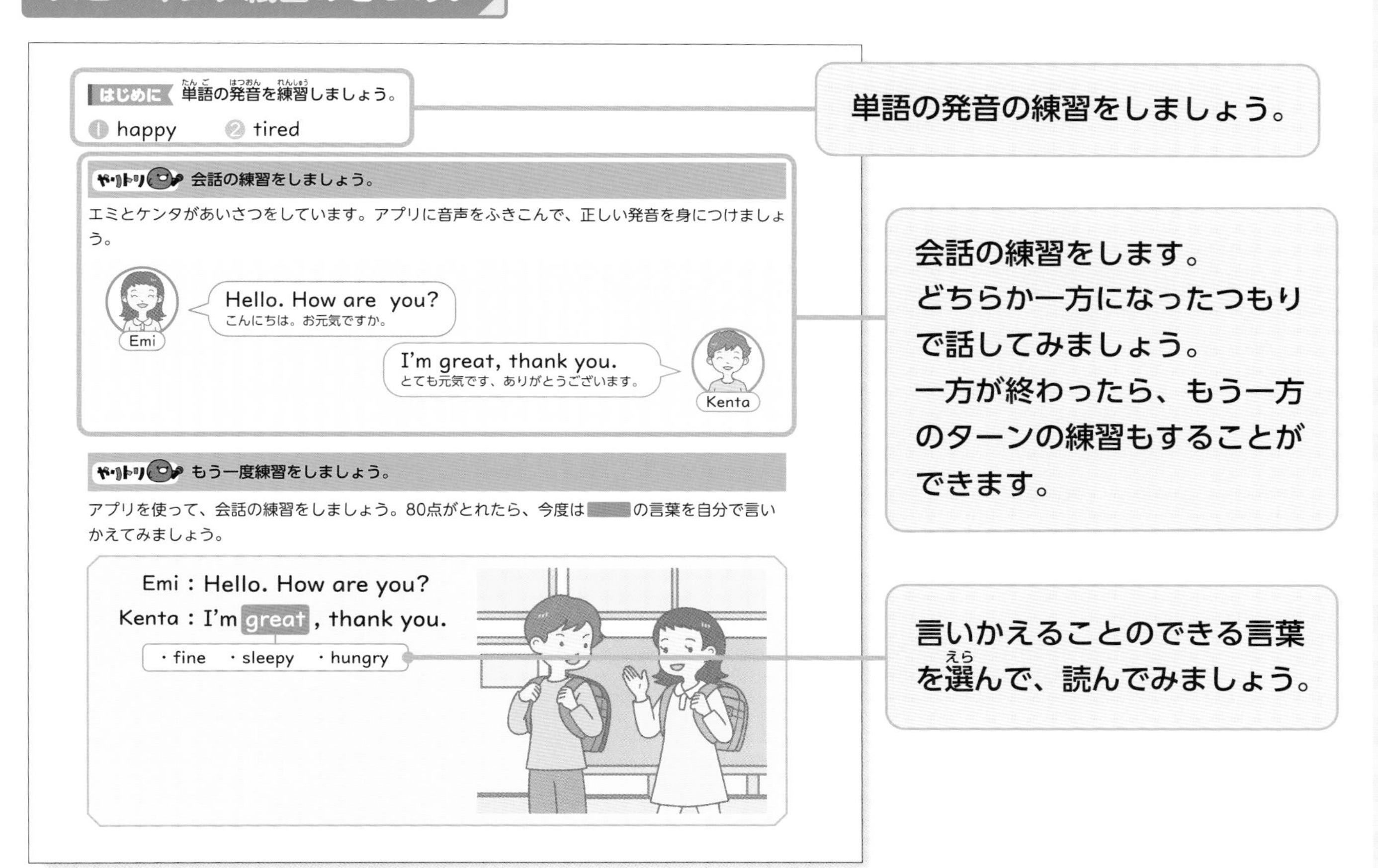

●推奨環境　スマートフォン、タブレット等（iOS16以上/Android11以上）

学習日　　月　　日

第1回 自己しょうかいをする

スピーキングアプリ

はじめに　単語の発音を練習しましょう。

1 white　2 volleyball　3 foxes

やりトリ　会話の練習をしましょう。

エミとケンタがお互いの名前と好きなものについて話しています。アプリに音声をふきこんで、正しい発音を身につけましょう。

How do you spell your name?
あなたはどのように名前をつづりますか。

K-E-N-T-A. Kenta.
K-E-N-T-A. ケンタです。

What sport do you like?
何のスポーツがすきですか。

I like tennis.
わたしはテニスがすきです。

やりトリ　発表の練習をしましょう。

教室で行われている発表について、エミになったつもりでアプリを使って練習してみましょう。80点がとれたら、今度は■■の言葉を自分で言いかえてみましょう。

Hello, my name is Emi. E-M-I.

I like **horses** .

・koalas　・foxes　・lions

I don't like **table tennis** .

・soccer　・badminton　・dodgeball

学習日　　月　　日

第2回 たん生日やほしいものをいう

スピーキングアプリ

はじめに 単語の発音を練習しましょう。

① February　② ruler　③ thirty　④ scissors

ヤリトリ 会話の練習をしましょう。

ミとケンタがたん生日について話しています。アプリに音声をふきこんで、正しい発音を身につましょう。

When is your birthday?
あなたのたん生日はいつですか。

My birthday is April 13th.
わたしのたん生日は４月13日です。

Emi

What do you want for your birthday?
あなたはたん生日になにがほしいのですか。

I want a new watch.
わたしは新しいうで時計がほしいです。

ヤリトリ 発表の練習をしましょう。

室で行われている発表について、エミになったつもりでアプリを使って練習してみましょう。
0点がとれたら、今度は　　　の言葉を自分で言いかえてみましょう。

My birthday is August **22nd**.

・12th　・20th　・31st

I want **a white pencil case**.

・a blue cap　・a pink cup　・a black bike

学習日　月　日

第3回 できること/できないことを伝える

スピーキングアプリ

はじめに 単語の発音を練習しましょう。

① run　② turn　③ xylophone

やりトリ 会話の練習をしましょう。

エミとケンタがお互いのできることとできないことについて話しています。アプリに音声を吹き込んで、正しい発音を身につけましょう。

Can you swim fast?
あなたは速く泳ぐことができますか。

Yes, I can. I can swim fast.
How about you?
はい、わたしは速く泳ぐことができます。あなたはどうですか。

I can't swim fast. Can you dance?
わたしは速く泳ぐことができません。
あなたはダンスをすることができますか。

No, I can't. I can't dance.
いいえ、わたしはダンスをすることができません。

やりトリ 発表の練習をしましょう。

教室で行われている発表について、エミになったつもりでアプリを使って練習してみましょう。80点がとれたら、今度は□の言葉を自分で言いかえてみましょう。

I like **music.**

・arts and crafts.　・P.E.　・home economics.

I can **play the piano**.

・draw pictures well　・run fast　・cook

I can't **ride a unicycle**.

・sing well　・play baseball　・ride a horse

学習日　　月　　日

第4回　身近な人をしょうかいする

スピーキングアプリ

はじめに 単語の発音を練習しましょう。

1 astronaut　2 girl　3 aunt

やりトリ 会話の練習をしましょう。

エミとケンタが、写真の人物について話しています。アプリに音声をふきこんで、正しい発音を身につけましょう。

Emi: Who is this?
こちらはどなたですか。

Kenta: This is Hayato. He is my brother.
He is very active.
こちらははやとです。彼はわたしの兄です。彼はとても活動的です。

Emi: Can he play soccer well?
彼はサッカーを上手にすることができますか。

Kenta: Yes, he can.
はい、できます。

やりトリ 発表の練習をしましょう。

エミが写真を見せながら発表しています。エミになったつもりでアプリを使って練習してみましょう。80点がとれたら、今度は　　　の言葉を自分で言いかえてみましょう。

This is Hana. She is my **sister**.
・friend　・cousin　・neighbor

She is **brave**.
・funny　・kind　・smart

She can **play the recorder**.
・cook curry　・sing the ABC song　・play *shogi*

学習日　　月　　日

第5回 道案内をする

スピーキングアプリ

はじめに 単語の発音を練習しましょう。

1 library　　2 aquarium　　3 restaurant

ヤリトリ 会話の練習をしましょう。

エミとケンタが、街にあるものについて話しています。アプリに音声をふきこんで、正しい発音を身につけましょう。

What do you have in your town?
あなたの街にはなにがありますか。

We have a famous castle.
有名なお城があります。

Kenta

Where is the castle?
そのお城はどこですか。

Go straight for three blocks.
You can see it on your right.
3つ角をまっすぐ行きます。右に見えます。

ヤリトリ 発表の練習をしましょう。

エミが道案内をしています。エミになったつもりでアプリを使って練習してみましょう。80点がとれたら、今度は■■の言葉を自分で言いかえてみましょう。

We have a great **shrine** in our town.
・stadium　・temple　・aquarium

It's by the **hospital** .
・zoo　・museum　・station

Go straight for two blocks. You can see it on your **left** .
・right

学習日　　月　　日

第6回 レストランで注文をする

スピーキングアプリ

はじめに 単語の発音を練習しましょう。

1 noodles　　2 sour

やりトリ 会話の練習をしましょう。

ケンタがお店で注文をしています。アプリに音声をふきこんで、正しい発音を身につけましょう。

Ms. Parker: What would you like?
何になさいますか。

Kenta: I'd like pizza, French fries, and mineral water. How much is it?
ピザと、ポテトフライと、ミネラルウォーターをお願いします。いくらですか。

Ms. Parker: It's 980yen.
980円です。

やりトリ 発表の練習をしましょう。

エミが好きな食べ物について発表しています。エミになったつもりでアプリを使って練習してみましょう。80点がとれたら、今度は■■の言葉を自分で言いかえてみましょう。

This is **a vegetable pizza** .
・ramen　・shaved ice　・cheese omelet

It's **spicy** .
・hot　・cold　・soft

It's **480** yen.
・500　・350　・830

学習日　　月　　日

第7回 あこがれの人をしょうかいする

スピーキングアプリ

はじめに 単語の発音を練習しましょう。

❶ shy　❷ shoulder　❸ farmer

やりトリ 会話の練習をしましょう。

エミとケンタがあこがれの人について話しています。アプリに音声をふきこんで、正しい発音を身につけましょう。

Who is your hero?
あなたのヒーローはだれですか。

My hero is a famous singer.
She is good at singing
and playing the guitar.
わたしのヒーローは有名な歌手です。
彼女は歌うこととギターをひくことが得意です。

That's great.
それはすてきですね。

やりトリ 発表の練習をしましょう。

教室で行われている発表について、エミになったつもりでアプリを使って練習してみましょう。
80点がとれたら、今度は▇▇の言葉を自分で言いかえてみましょう。

My hero is my father.

He is **a teacher**.

・a firefighter　・a writer　・a farmer

He is good at **fishing**.

・playing soccer　・speaking English　・swimming

He is **great**.

・amazing　・kind　・strong

月　日
名前

答え14～15ページ

知識・技能

1

音声の内容（ないよう）に合う絵を下から選び、（　）に記号を書きましょう。

トラック169　1問4点(8点)

㋐ 

㋑ 

㋒

(1)（　　）(2)（　　）

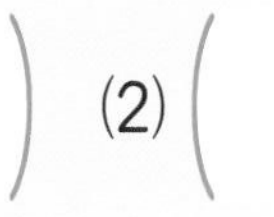

2

会話の内容に合う絵を下から選び、（　）に記号を書きましょう。

トラック170　1問4点(12点)

(1) ㋐ 

㋑ 

㋒

(2) ㋐

㋑ 

㋒ 

(3) ㋐ 

㋑ 

㋒ 

(1)（　　）(2)（　　）(3)（　　）

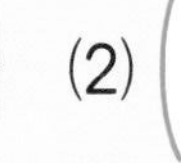

思考・判断・表現

3

音声の内容に合う絵を、下のふきだし内の絵からすべて選び、○で囲（かこ）みましょう。

トラック171　1つ5点(15点)

4

音声の内容に合うように（　）に日本語を書きましょう。

トラック172　1問5点(10点)

(1)　ヒロミは何の教科が好きですか。（　　　　）

(2)　ヒロミは何がほしいですか。（　　　　）

うらにも問題があります。

知識・技能

5 絵の内容(ないよう)に合う言葉を[ ]の中から選び、[ ]に書きましょう。

1問5点(15点)

(1) [ ]

(2) [ ]

(3) [ ]

computer　sweater　gloves

6 日本文に合う英語の文になるように、グレーの部分はなぞり、[ ]の中から言葉を選び、[ ]に書きましょう。文の最初の文字は大文字で書きましょう。

1問5点(15点)

(1) あなたはあなたの名前をどのようにつづりますか。

[ ] do you spell your name?

(2) あなたはギターをひくことができますか。

[ ] you play the guitar?

(3) ((2)に答えて)いいえ、ひくことができません。

No, I [ ].

can't　how　can

思考・判断・表現

7 絵の内容に合うように、質問(しつもん)に答えましょう。グレーの部分はなぞり、[ ]の中から正しい言葉を選び、[ ]に書きましょう。

1問5点(15点)

(1) What sport do you like?

I like [ ].

(2) What do you want for your birthday?

I want a new [ ].

(3) What subject do you like?

I like [ ].

tennis　badminton
T-shirt　watch
science　Japanese

8 日本文に合う英語の文になるように、グレーの部分はなぞり、[ ]に言葉を書きましょう。

1問5点(10点)

(1) あなたは速く走ることができますね。

You [ ] fast.

(2) わたしは算数が好きではありません。

I [ ] math.

冬のチャレンジテスト

教科書 40～69ページ

月　日

名前

時間 40分

知識・技能	思考・判断・表現	合格80点
/50	/50	/100

答え16～17ページ

知識・技能

1 音声の内容(ないよう)に合う絵を下から選び、(　　)に記号を書きましょう。

トラック173　1問4点(8点)

㋐　㋑　㋒

(1)(　　)　(2)(　　)

2 会話の内容に合う絵を下から選び、(　　)に記号を書きましょう。

トラック174　1問4点(12点)

(1) ㋐　㋑　㋒

(2) ㋐ 410円　㋑ 530円　㋒ 650円

(3) ㋐　㋑　㋒

(1)(　　)　(2)(　　)　(3)(　　)

思考・判断・表現

3 音声の内容に合う絵の位置を地図の㋐～㋔から選び、記号を書きましょう。

トラック175　1問5点(15点)

(1)(　　)　(2)(　　)　(3)(　　)

4 音声の内容に合うように(　　)に日本語を書きましょう。

トラック176　1問5点(10点)

(1)　コウタは、ルーカスは何ができると言っていますか。

(　　　　　　　　)

(2)　コウタは、ルーカスがどんな人だと言っていますか。

(　　　　　　　　)

うらにも問題があります。

知識・技能

5 絵の内容に合う言葉を[ ]の中から選び、[ ]に書きましょう。

1問5点(15点)

(1) (2) (3)

milk　bookstore　coffee

6 日本文に合う英語の文になるように、グレーの部分はなぞり、[ ]の中から言葉を選び、[ ]に書きましょう。文の最初の文字は大文字で書きましょう。

1問5点(15点)

(1) 彼女は上手にサッカーをすることができます。

She [ ] play soccer well.

(2) こちらはだれですか。

[ ] is this?

(3) ((2)に答えて)彼はわたしの父です。

He is my [ ].

who　can　father

思考・判断・表現

7 絵の内容に合うように、質問に答えましょう。グレーの部分はなぞり、[ ]の中から正しい言葉を選び、[ ]に書きましょう。

1問5点(15点)

(1) Where is the cat?

It's [ ].

(2) What do you have in your town?

We have [ ].

(3) What would you like?

I'd [ ].

by the desk　on the desk
a museum　a church
like pizza　like pie

8 日本文に合う英語の文になるように、グレーの部分はなぞり、[ ]に言葉を書きましょう。文の最初の文字は大文字で書きましょう。

1問5点(10点)

(1) 彼女は内気です。

She [ ].

(2) スープはいかがですか。

[ ] soup?

春のチャレンジテスト

教科書 74〜91ページ

月　日

名前

時間 40分

知識・技能	思考・判断・表現	合格80点
/50	/50	/100

答え18〜19ページ

知識・技能

1 音声の内容に合う絆を下から選び、(　　)に記号を書きましょう。

トラック177　1問4点(8点)

㋐　㋑　㋒

(1)(　　)　(2)(　　)

2 会話の内容に合う絵を下から選び、(　　)に記号を書きましょう。

トラック178　1問4点(12点)

(1) ㋐　㋑　㋒

(2) ㋐　㋑　㋒

(3) ㋐　㋑　㋒

(1)(　　)　(2)(　　)　(3)(　　)

思考・判断・表現

3 音声の内容に合う絵を線で結びましょう。

トラック179　1問完答5点(15点)

(1) Koji

(2) Saki

(3) Sakura

親切な

活発な

親しい

おもしろい

4 音声の内容に合うように(　　)に日本語を書きましょう。

トラック180　1問5点(10点)

(1) ツバサは何県に行きたいですか。(　　　　)

(2) ツバサは何をしたいですか。(　　　　)

うらにも問題があります。

知識・技能

5 絵の内容(ないよう)に合う言葉を［　］の中から選び、［　］に書きましょう。

1問5点（15点）

(1)　(2)　(3)

scientist　cook　doctor

6 日本文に合う英語の文になるように、グレーの部分はなぞり、［　］の中から言葉を選び、［　］に書きましょう。文の最初の文字は大文字で書きましょう。

1問5点（15点）

(1) 彼(かれ)はテニスを上手にできますか。

［　］ tennis well?

(2) ((1)に答えて)いいえ、できません。

No, ［　］.

(3) わたしは北海道に行きたいです。

I want to ［　］.

go to Hokkaido　he can't　can he play

思考・判断・表現

7 絵の中の人物になったつもりで、質問(しつもん)に答えましょう。グレーの部分はなぞり、［　］の中から正しい言葉を選び、［　］に書きましょう。

1問5点（15点）

(1) Why is he your hero?

He is good at ［　］.

(2) Why do you want to go to Lake Biwa?

I want to ［　］.

(3) What do you want to do in Yokohama?

I want to ［　］.

swimming　singing
see the festival　go fishing
go to a shrine　see Chinatown

8 日本文に合う英語の文になるように、グレーの部分はなぞり、［　］に言葉を書きましょう。

1問5点（10点）

(1) わたしのヒーローはわたしのお母さんです。

My hero ［　］.

(2) 彼女(かのじょ)は親切です。

She ［　］.

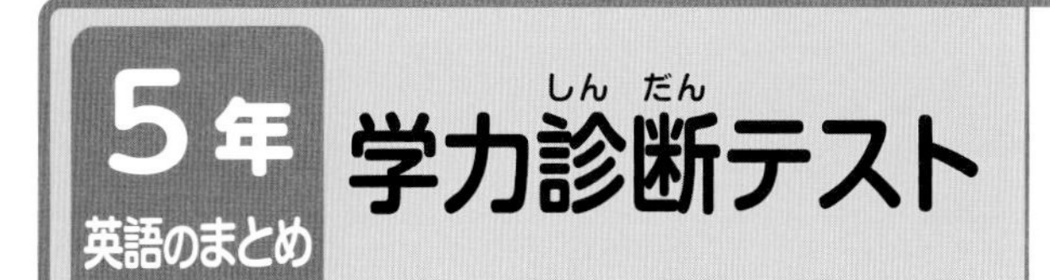

5年 英語のまとめ 学力診断テスト

月　日

名前

時間 40分

知識・技能 /50　思考・判断・表現 /50　合格80点 /100

答え20〜21ページ

知識・技能

1 音声の内容に合う絵を下から選び、(　　)に記号を書きましょう。

トラック181　1問4点(8点)

㋐ 

㋑ 

㋒ 12月

(1)(　　　) (2)(　　　)

2 会話の内容に合う絵を下から選び、(　　)に記号を書きましょう。

トラック182　1問4点(12点)

(1) ㋐ 

㋑ 

㋒ 

(2) ㋐ 

㋑ 

㋒ 

(3) ㋐ 

㋑ 

㋒ 

(1)(　　　) (2)(　　　) (3)(　　　)

思考・判断・表現

3 音声を聞き、それぞれの好きな教科と得意なことを線で結びましょう。

トラック183　1問完答で5点(15点)

(1) 

Taiga　•　•　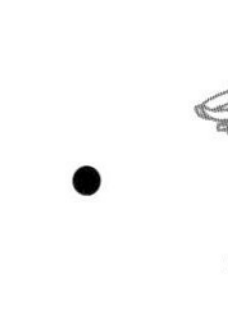 　•　•　

(2) 

Keiko　•　•　　•　•

(3) 

Kevin　•　•　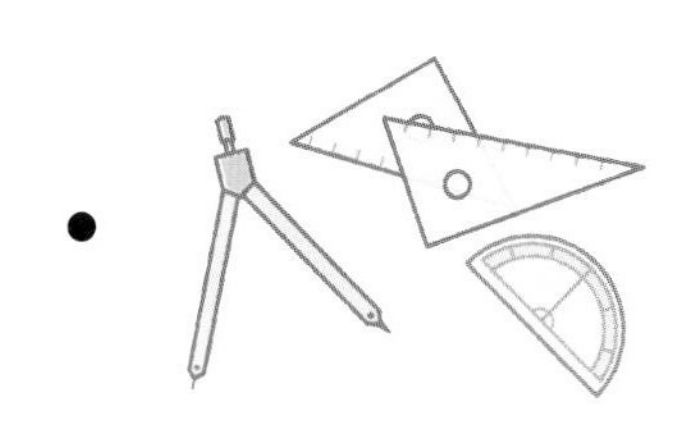　•　•

4 ポスターを見ながら案内を聞き、下の質問に日本語で答えましょう。

トラック184　1問5点(10点)

School Camp
September 15-17
arts and crafts
calligraphy
cooking
sports & dancing
speaking English

(1) 何のスポーツが楽しめますか。3つ答えましょう。

(　　　　　　　　　　　　　　　　)

(2) 昼食には何を作りますか。

(　　　　　　　　)

うらにも問題があります。

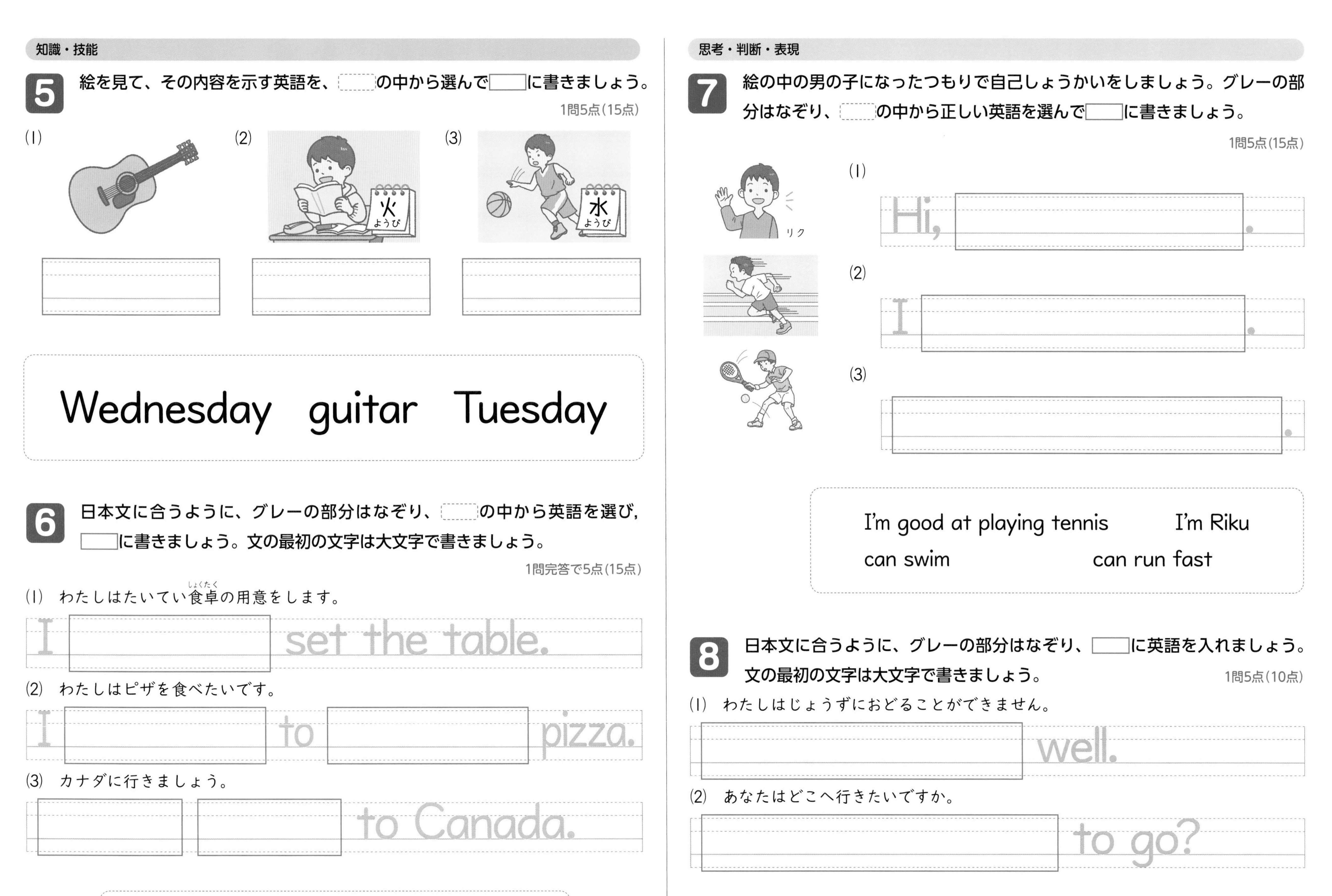

知識・技能

5 絵を見て、その内容を示す英語を、[ ]の中から選んで[ ]に書きましょう。

1問5点(15点)

(1)

(2) 火ようび

(3) 水ようび

Wednesday　guitar　Tuesday

6 日本文に合うように、グレーの部分はなぞり、[ ]の中から英語を選び，[ ]に書きましょう。文の最初の文字は大文字で書きましょう。

1問完答で5点(15点)

(1) わたしはたいてい食卓（しょくたく）の用意をします。

I ＿＿＿ set the table.

(2) わたしはピザを食べたいです。

I ＿＿＿ to ＿＿＿ pizza.

(3) カナダに行きましょう。

＿＿＿ ＿＿＿ to Canada.

go　eat　let's　usually　want

思考・判断・表現

7 絵の中の男の子になったつもりで自己しょうかいをしましょう。グレーの部分はなぞり、[ ]の中から正しい英語を選んで[ ]に書きましょう。

1問5点(15点)

リク

(1) Hi, ＿＿＿.

(2) I ＿＿＿.

(3) ＿＿＿.

I'm good at playing tennis　I'm Riku

can swim　can run fast

8 日本文に合うように、グレーの部分はなぞり、[ ]に英語を入れましょう。文の最初の文字は大文字で書きましょう。

1問5点(10点)

(1) わたしはじょうずにおどることができません。

＿＿＿ well.

(2) あなたはどこへ行きたいですか。

＿＿＿ to go?

教科書ぴったりトレーニング

丸つけラクラク解答

東京書籍版
英語5年

この「丸つけラクラク解答」はとりはずしてお使いください。

「丸つけラクラク解答」では問題と同じ紙面に、赤字で答えを書いています。

①問題がとけたら、まずは答え合わせをしましょう。

②まちがえた問題やわからなかった問題は、てびきを読んだり、教科書を読み返したりしてもう一度見直しましょう。

おうちのかたへ では、次のようなものを示しています。

- 学習のねらいやポイント
- 他の学年や他の単元の学習内容とのつながり
- まちがいやすいことやつまずきやすいところ

お子様への説明や、学習内容の把握などにご活用ください。

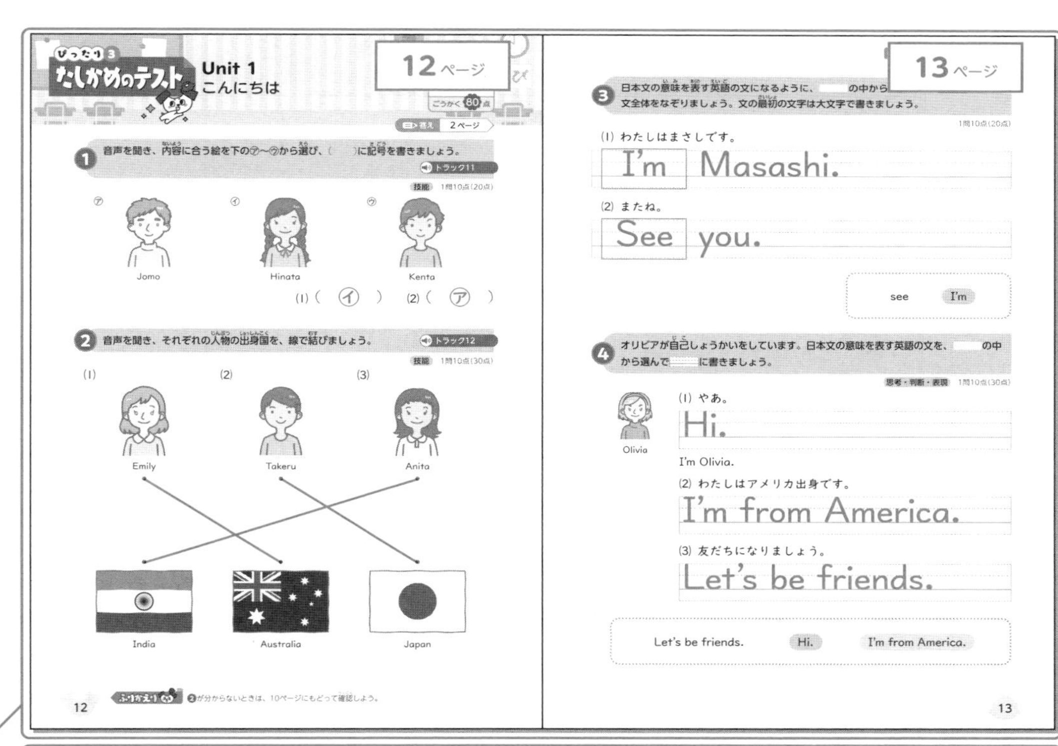

見やすい答え

読まれる英語

❶ (1)Hello! I'm Hinata.
(2)Hi. I'm Jomo.

❷ (1)I'm Emily. I'm from Australia.
(2)I'm Takeru. I'm from Japan.
(3)Hello. I'm Anita. I'm from India.

おうちのかたへ

このユニットではあいさつや自分の名前と出身国の伝え方を練習しました。日常生活でお子さまとHi.やSee you.などのあいさつを交わしたり、簡単な自己紹介をしあったりして、英語に触れる時間をとってみてください。

くわしいてびき

❶ Hello.(こんにちは。)やHi.(やあ。)というあいさつのあとに、I'm ～.(わたしは～です。)と名前が読まれます。I'mのあとの名前に注意して聞き取りましょう。

❷ I'm from ～.(わたしは～出身です。)と出身国を伝える英語が読まれます。fromのあとの国を表す言葉に注意して聞き取りましょう。

❸ 名前を伝える表現と、別れのあいさつを練習しましょう。See you.(またね。)は人と別れるときに使うあいさつです。

❹ 自己しょうかいをするときは、はじめにあいさつをして、名前や出身国を伝えます。最後にLet's be friends.(友だちになりましょう。)などと言うのもよいでしょう。

※紙面はイメージです。

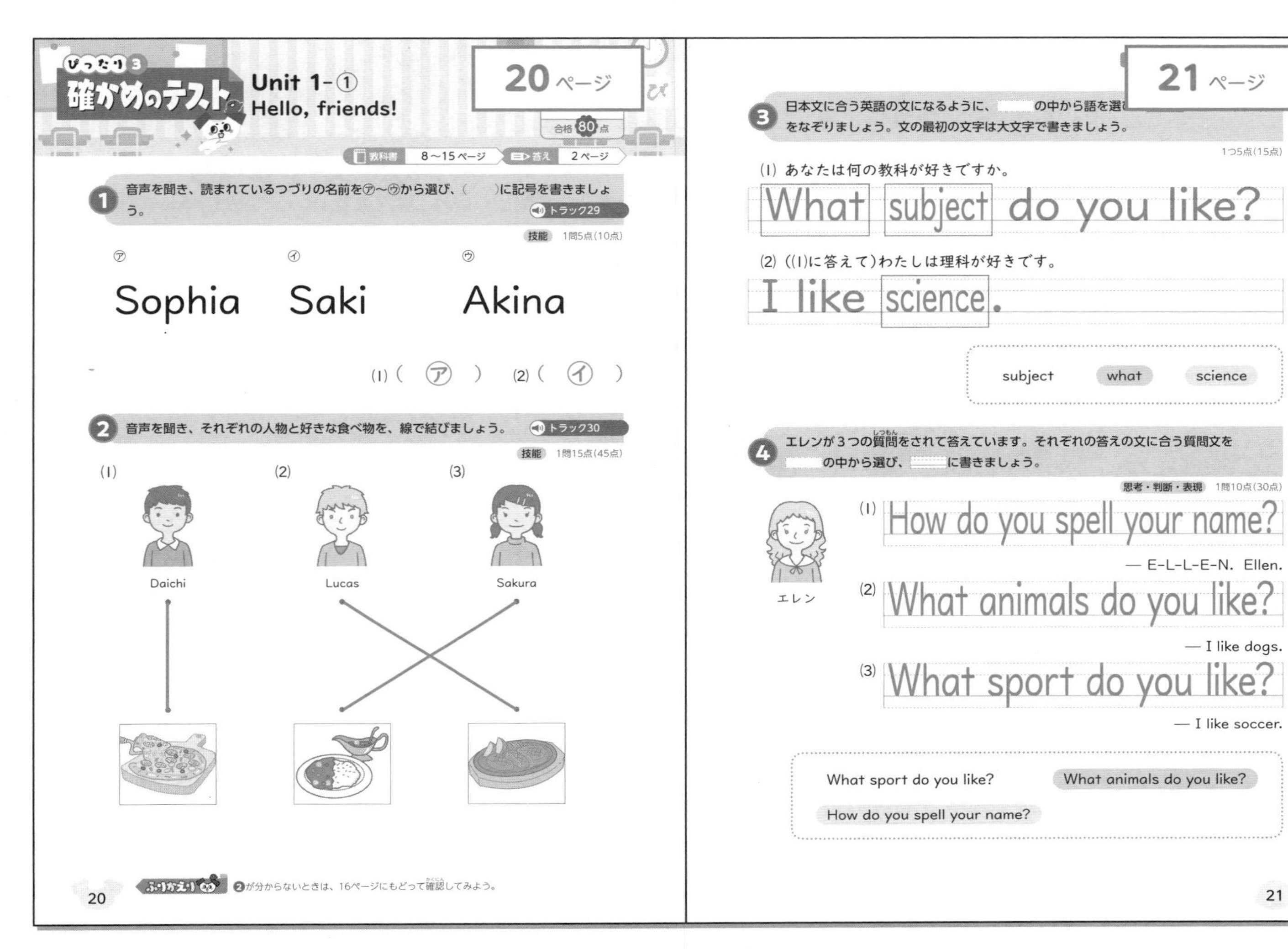

ぴったり3 確かめのテスト Unit 1-① Hello, friends!

20 ページ

合格 80 点

教科書 8～15ページ　答え 2ページ

1 音声を聞き、読まれているつづりの名前を㋐～㋒から選び、（　）に記号を書きましょう。 トラック29

技能 1問5点(10点)

㋐ Sophia　㋑ Saki　㋒ Akina

(1)（ ㋐ ）　(2)（ ㋑ ）

2 音声を聞き、それぞれの人物と好きな食べ物を、線で結びましょう。 トラック30

技能 1問15点(45点)

(1) Daichi　(2) Lucas　(3) Sakura

ふりかえり 2が分からないときは、16ページにもどって確認してみよう。

20

21 ページ

3 日本文に合う英語の文になるように、　の中から語を選び、　をなぞりましょう。文の最初の文字は大文字で書きましょう。

1つ5点(15点)

(1) あなたは何の教科が好きですか。

What subject do you like?

(2) ((1)に答えて)わたしは理科が好きです。

I like science.

subject　what　science

4 エレンが3つの質問をされて答えています。それぞれの答えの文に合う質問文を　の中から選び、　に書きましょう。

思考・判断・表現 1問10点(30点)

エレン

(1) How do you spell your name?

— E-L-L-E-N. Ellen.

(2) What animals do you like?

— I like dogs.

(3) What sport do you like?

— I like soccer.

What sport do you like?　What animals do you like?　How do you spell your name?

21

読まれる英語

1 (1) A: How do you spell your name?
B: S-O-P-H-I-A. Sophia.
(2) A: How do you spell your name?
B: S-A-K-I. Saki.

2 (1) A: Daichi, what food do you like?
B: I like pizza.
(2) A: What food do you like, Lucas?
B: I like steak.
(3) A: Sakura, what food do you like?
B: I like curry and rice.

おうちのかたへ

このユニットでは、名前のつづりをたずねたり答えたりする表現を練習しました。アルファベットの読み方や書き方の練習にもなります。好きなものをたずねたり、答えたりする表現は、自分の興味のあるもの・ことに関する言葉を学ぶのに役立ちます。Whatのあとの言葉を変えて、さまざまな場面で、好きなもの・ことをたずねてみましょう。

1 アルファベットでのつづりを注意して聞きましょう。

2 好きな食べ物についてたずねています。I likeのあとに好きな食べ物を表す言葉が続くので注意して聞きましょう。

3 (1)「教科」はsubjectで表します。
(2)「理科」はscienceで表します。

4 (1)自分の名前のつづりを答えているので、名前のつづりをたずねられていると考えられます。
(2)I like dogs.と答えているので、好きな動物をたずねられていると考えられます。
(3)I like soccer.と答えているので、好きなスポーツをたずねられていると考えられます。

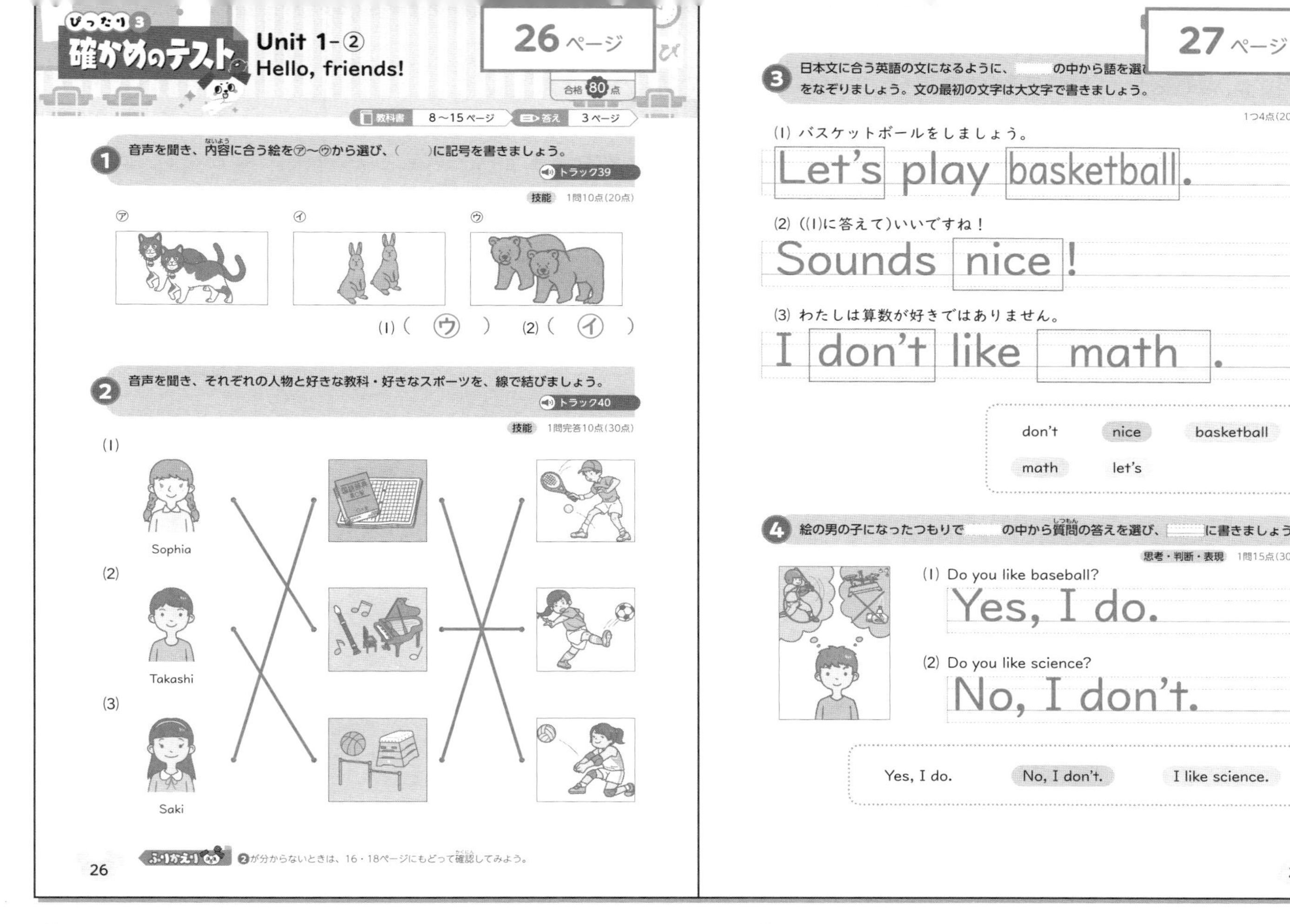

ぴったり3 確かめのテスト

Unit 1-②
Hello, friends!

26ページ

合格80点

教科書 8〜15ページ　答え 3ページ

1 音声を聞き、内容に合う絵を㋐〜㋒から選び、（　　）に記号を書きましょう。　トラック39

技能　1問10点(20点)

㋐　㋑　㋒

(1)（ ㋒ ）　(2)（ ㋑ ）

2 音声を聞き、それぞれの人物と好きな教科・好きなスポーツを、線で結びましょう。　トラック40

技能　1問完答10点(30点)

(1) Sophia

(2) Takashi

(3) Saki

ふりかえり　2が分からないときは、16・18ページにもどって確認してみよう。

26

27ページ

3 日本文に合う英語の文になるように、　　の中から語を選び、　　をなぞりましょう。文の最初の文字は大文字で書きましょう。

1つ4点(20点)

(1) バスケットボールをしましょう。

Let's play basketball.

(2) ((1)に答えて)いいですね！

Sounds nice!

(3) わたしは算数が好きではありません。

I don't like math.

don't　nice　basketball　math　let's

4 絵の男の子になったつもりで　　の中から質問の答えを選び、　　に書きましょう。

思考・判断・表現　1問15点(30点)

(1) Do you like baseball?

Yes, I do.

(2) Do you like science?

No, I don't.

Yes, I do.　No, I don't.　I like science.

27

1 好きな動物についてたずねています。I likeのあとに好きな動物を表す言葉が続くので注意して聞きましょう。

2 I likeのあとに好きなものを表す言葉が続きます。それぞれの好きな教科とスポーツを注意して聞きましょう。

3 (1)「〜しましょう。」はLet's 〜.で表します。

(2)「いいですね！」はSounds nice!で表します。

(3)「好きではありません」はlikeの前にdon'tが入ります。

4 (1)「あなたは野球が好きですか。」とたずねています。絵では○印なのでYesで答えます。

(2)「あなたは理科が好きですか。」とたずねています。絵では×印なのでNoで答えます。

読まれる英語

1 (1) A: What animals do you like?

B: I like bears.

(2) A: What animals do you like?

B: I like rabbits.

2 (1) A: Sophia, what subject do you like?

B: I like music.

A: What sport do you like?

B: I like soccer.

(2) A: What subject do you like, Takashi?

B: I like P.E.

A: What sport do you like?

B: I like tennis.

(3) A: Saki, what subject do you like?

B: I like Japanese.

A: What sport do you like?

B: I like volleyball.

おうちのかたへ

このユニットでは、好きな食べ物やスポーツ、動物などをたずねたり、答えたりする表現を学びました。また、さまざまなものについて好きかどうかをたずね、YesかNoで答える表現も学びました。身の回りにあるものについて、好きかどうかをお子さんとお互いにやり取りしてみましょう。

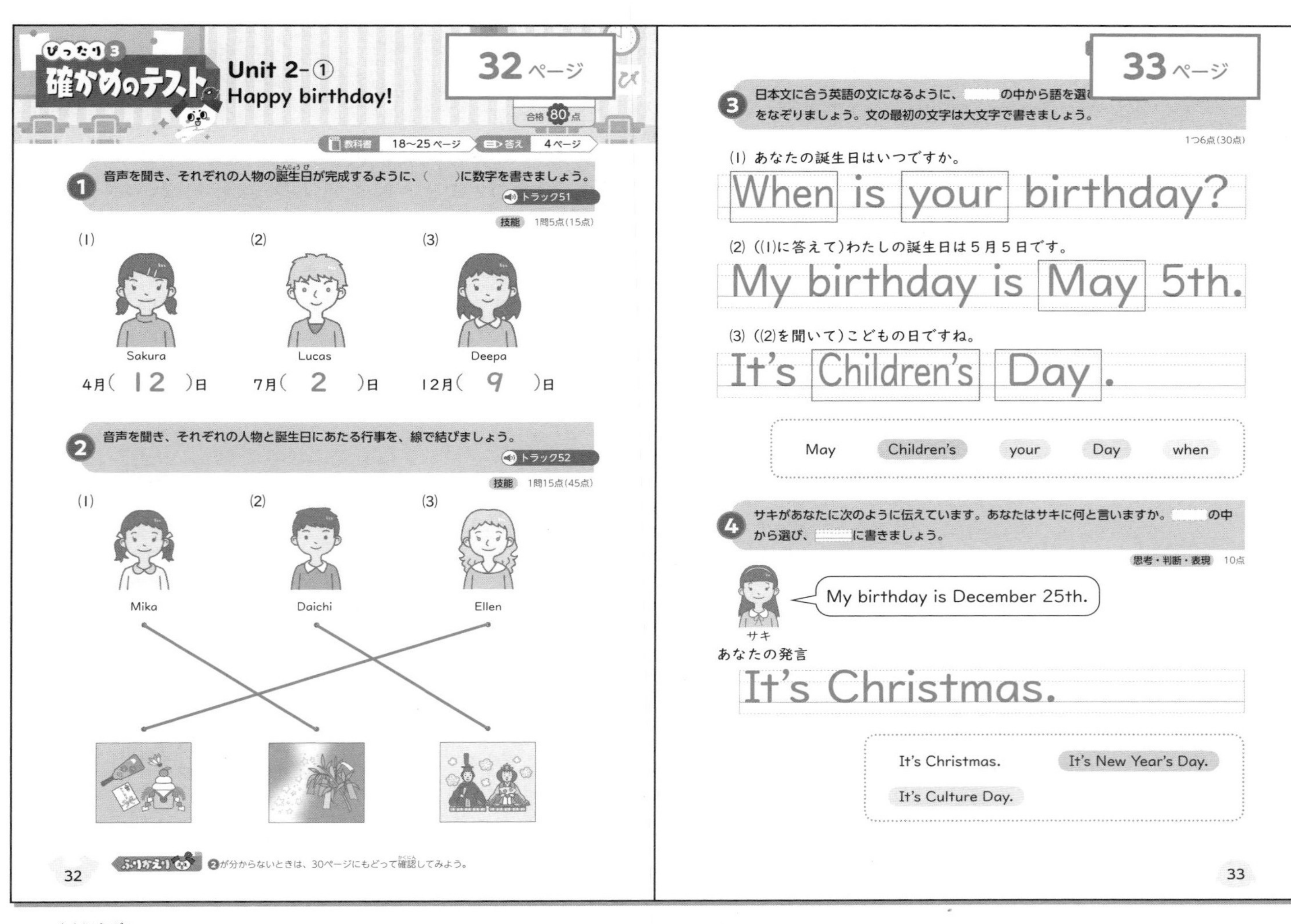
ぴったり3 確かめのテスト Unit 2-① Happy birthday!

32ページ

合格80点

教科書 18～25ページ　答え 4ページ

1 音声を聞き、それぞれの人物の誕生日が完成するように、（　）に数字を書きましょう。 トラック51

技能 1問5点(15点)

(1) Sakura 4月（ 12 ）日　(2) Lucas 7月（ 2 ）日　(3) Deepa 12月（ 9 ）日

2 音声を聞き、それぞれの人物と誕生日にあたる行事を、線で結びましょう。 トラック52

技能 1問15点(45点)

(1) Mika　(2) Daichi　(3) Ellen

ふりかえり 2が分からないときは、30ページにもどって確認してみよう。

32

33ページ

3 日本文に合う英語の文になるように、［　］の中から語を選び、をなぞりましょう。文の最初の文字は大文字で書きましょう。

1つ6点(30点)

(1) あなたの誕生日はいつですか。

When is your birthday?

(2) ((1)に答えて)わたしの誕生日は5月5日です。

My birthday is May 5th.

(3) ((2)を聞いて)こどもの日ですね。

It's Children's Day.

May　Children's　your　Day　when

4 サキがあなたに次のように伝えています。あなたはサキに何と言いますか。［　］の中から選び、［　］に書きましょう。

思考・判断・表現 10点

サキ：My birthday is December 25th.

あなたの発言

It's Christmas.

It's Christmas.　It's New Year's Day.　It's Culture Day.

33

読まれる英語

1 (1)A: When is your birthday, Sakura?
B: My birthday is April 12th.
(2)A: When is your birthday, Lucas?
B: My birthday is July 2nd.
(3)A: When is your birthday, Deepa?
B: My birthday is December 9th.

2 (1)A: When is your birthday, Mika?
B: My birthday is July 7th.
A: It's Star Festival.
(2)A: When is your birthday, Daichi?
B: My birthday is March 3rd.
A: It's Dolls' Festival.
(3)A: Ellen, when is your birthday?
B: My birthday is January 1st.
A: It's New Year's Day.

おうちのかたへ

このユニットでは、誕生日のたずね方と答え方を練習しました。友達や家族との会話の中で練習できる表現です。いろいろな人とやり取りすることで、月や日付の言い方のルールが身につくでしょう。このユニットでは行事の言い方も練習しました。この機会に、行事やその内容などについてお子さんと話してみるのもよいでしょう。

1 誕生日は月→日の順に言います。英語でのつづりも確認しましょう。

2 My birthday isのあとに続く日付からも分かりますが、It'sのあとに行事名を言っています。注意して聞きましょう。

3 (1)「いつ」はwhenで、「あなたの」はyourで表します。
(2)「5月」はMayで表します。
(3)「こどもの日」はChildren's Dayで表します。
Children'sとDayとで区切り、それぞれ大文字で始めます。

4 サキは「わたしの誕生日は12月25日です。」と伝えています。It's Christmas.（クリスマスですね。）

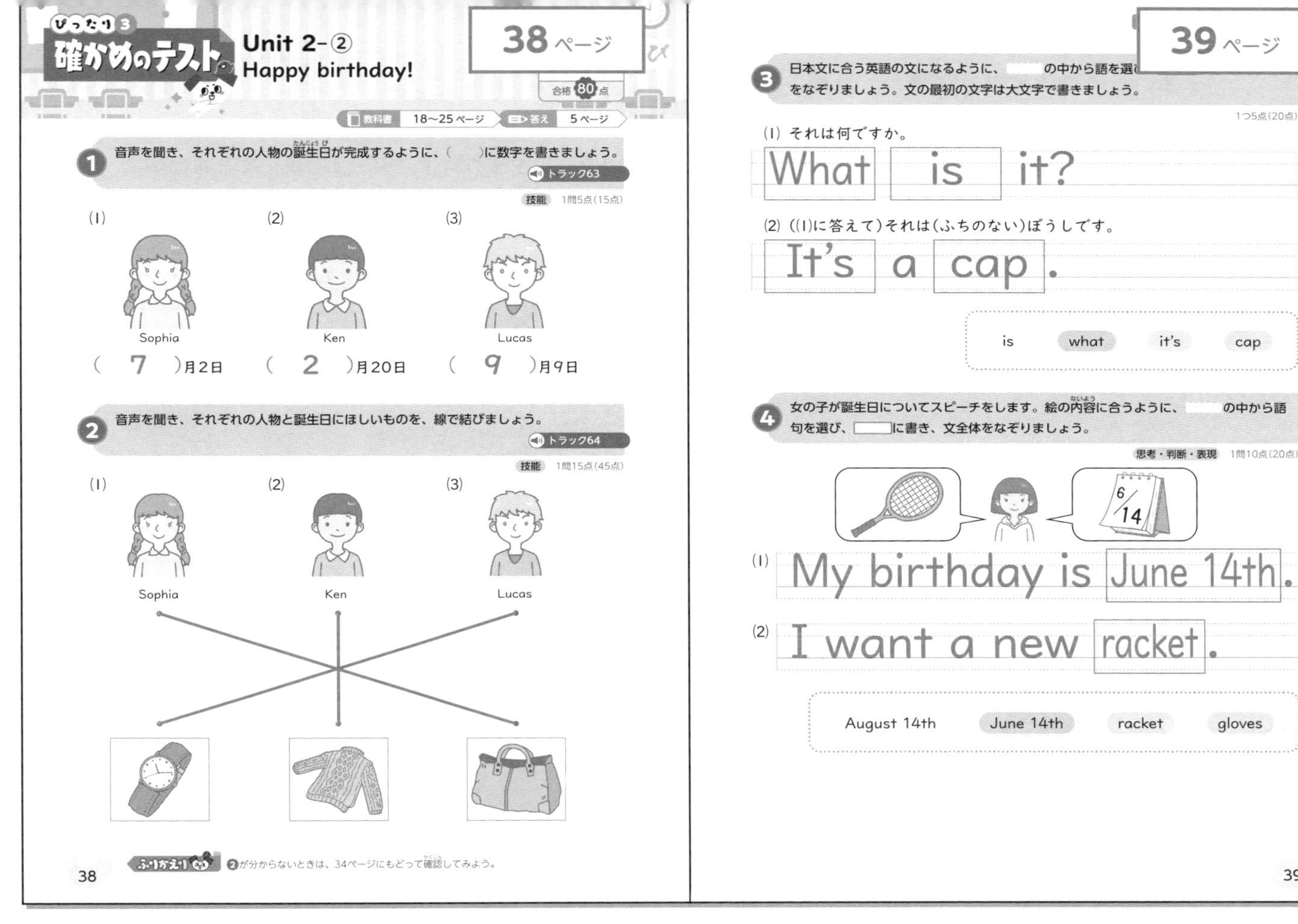

1 誕生日は月→日の順に言います。英語で月名を書けるように練習しておきましょう。

2 I wantのあとにほしいものを表す言葉が続きます。注意して聞きましょう。

3 (1)「何」はwhatで表します。

(2)「それは～です。」は、It's ～.で、「(ふちのない)ぼうし」はcapで表します。

4 (1)6月14日のカレンダーがあるので、「わたしの誕生日は6月14日です。」という文にします。「6月」はJuneです。

(2)テニスラケットの絵があるので、「わたしは新しいラケットがほしいです。」という文にします。「ラケット」はracketで表します。

読まれる英語

1 (1) A: When is your birthday, Sophia?
B: My birthday is July 2nd.
(2) A: Ken, when is your birthday?
B: My birthday is February 20th.
(3) A: When is your birthday, Lucas?
B: My birthday is September 9th.

2 (1) A: What do you want for your birthday, Sophia?
B: I want a new bag.
(2) A: What do you want for your birthday, Ken?
B: I want a sweater.
(3) A: What do you want for your birthday, Lucas?
B: I want a watch.

おうちのかたへ

このユニットでは、誕生日のたずね方と答え方、誕生日にほしいもののたずね方と答え方を練習しました。友達や家族と練習できる表現です。What do you want for your birthday?のyour birthdayをChristmas(クリスマス)にすれば、クリスマスにほしいものについてのやり取りができます。お子さんとほしいものをたずねたり、答えたりしてみてください。このユニットでは、ものが何かのたずね方と答え方も練習しました。身の回りにあるものについて、それが何かをたずねたり答えたりするやり取りもしてみるとよいでしょう。

ぴったり3 確かめのテスト Unit 3 Can you play dodgeball?

46ページ

合格80点

教科書 28〜35ページ 答え 6ページ

1 音声を聞き、内容に合う絵を㋐〜㋒から選び、（　）に記号を書きましょう。 トラック77

技能 1問10点(20点)

(1) ㋐ ㋑ ㋒

(2) ㋐ ㋑ ㋒

(1)（ ㋐ ） (2)（ ㋑ ）

2 音声を聞き、それぞれの人物について、正しいほうに○をつけましょう。 トラック78

技能 1問10点(40点)

(1) Sophia バスケットボールが上手に（ できる ・ できない ）

(2) Saki 一輪車に（ 乗れる ・ 乗れない ）

(3) Lucas 速く（ 走れる ・ 走れない ）

(4) Ken リコーダーを上手にふくことが（ できる ・ できない ）

ふりかえり 2が分からないときは、40ページにもどって確認してみよう。

46

47ページ

3 日本文に合う英語の文になるように、[　]の中から語を選んで、[　]に書き、文全体をなぞりましょう。文の最初の文字は大文字で書きましょう。

1つ5点(20点)

(1) あなたは高く跳ぶことができますか。

Can you jump high?

(2) わたしは上手にスケートをすることができます。

I can skate well.

(3) わたしは速く泳ぐことができません。

I can't swim fast.

fast can jump skate

4 絵の女の子になったつもりで、[　]の中から質問の答えを選び、[　]に書きましょう。

思考・判断・表現 1問10点(20点)

(1) Can you sing well?

No, I can't.

(2) Can you play the guitar?

Yes, I can.

Yes, I do. Yes, I can. No, I can't.

この本の終わりにある「夏のチャレンジテスト」をやってみよう！

47

読まれる英語

1 (1) I'm Daichi. I can play tennis.

(2) My name is Aya. I can cook well.

2 (1) A: Sophia, can you play basketball well?

B: Yes, I can.

(2) A: Saki, can you ride a unicycle?

B: No, I can't.

(3) A: Lucas, can you run fast?

B: Yes, I can.

(4) A: Ken, can you play the recorder well?

B: Yes, I can.

おうちのかたへ

このユニットでは、自分ができることやできないことを伝えたり、相手にできるかどうかをたずねたり、答えたりする表現を練習しました。また、相手が上手にできることを言う表現と、上手だと言われたときにお礼の表現で返事をする練習もしました。お子さんとお互いにできることを説明したり、ほめあったりして、練習してみてください。

1 I canのあとに続く言葉を聞き取り、できることを表す絵を選びましょう。

2 Can you ～?の形でできるかどうかをたずねています。この質問にはYes, I can. またはNo, I can't. で答えます。注意して聞きましょう。

3 (1)「～できますか。」はCan you ～?で、「跳ぶ」はjumpで表します。

(2)「スケートをする」はskateで表します。

(3)「速く」はfastで表します。

4 (1)「あなたは上手に歌うことができますか。」という質問です。絵には×がついています。

(2)「あなたはギターをひくことができますか。」という質問です。絵には○がついています。

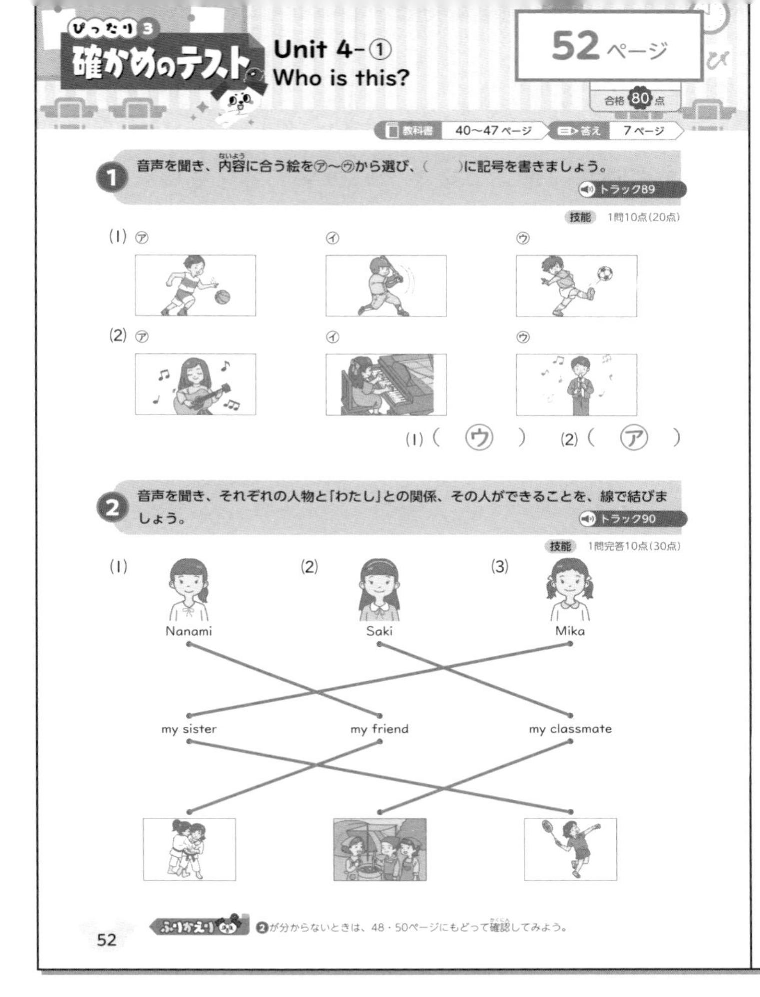

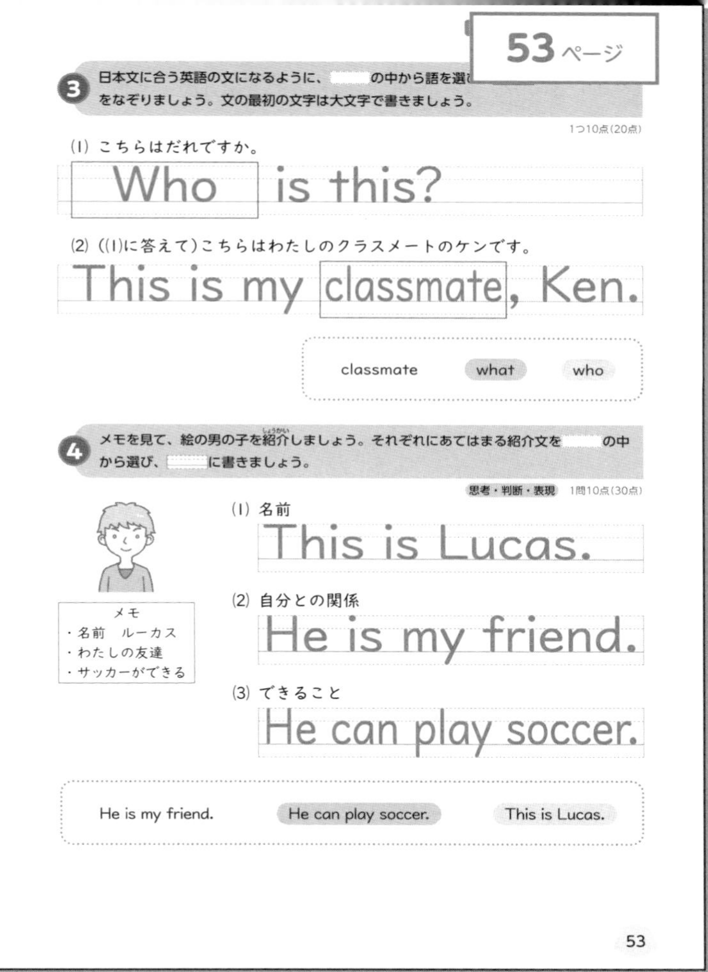

読まれる英語

1 (1) He can play soccer well.
(2) She can play the guitar well.

2 (1) This is Nanami. She is my friend. She can do judo.
(2) This is Saki. She is my classmate. She can cook curry.
(3) This is Mika. She is my sister. She can play badminton well.

おうちのかたへ

このユニットでは、身近な人について、その人がだれかをたずねたり答えたりする表現と、その人ができることなどを紹介する表現を練習しました。Who is this?(こちらはだれですか。)とクラス写真などを見ながらお子さんに問いかけ、友達や先生について、どんなことができるかを紹介する練習をいっしょにするとよいでしょう。

1 (1) He can playのあとにスポーツを表す言葉が続きます。
(2) She can playのあとに〈the＋楽器を表す言葉〉が続きます。

2 She isのあとに、自分との関係を表す言葉が続きます。She canのあとには動作を表す言葉が続きます。

3 問題文にも書いてあるように、文の最初の文字が大文字になることを忘(わす)れないようにしましょう。

4 This is ～.は「こちらは～です。」という意味です。近くにいる人や近くにあるもののことを言うときに使います。身近にいる人や持っているカードを見せて紹介(しょうかい)するときに使える表現(ひょうげん)です。

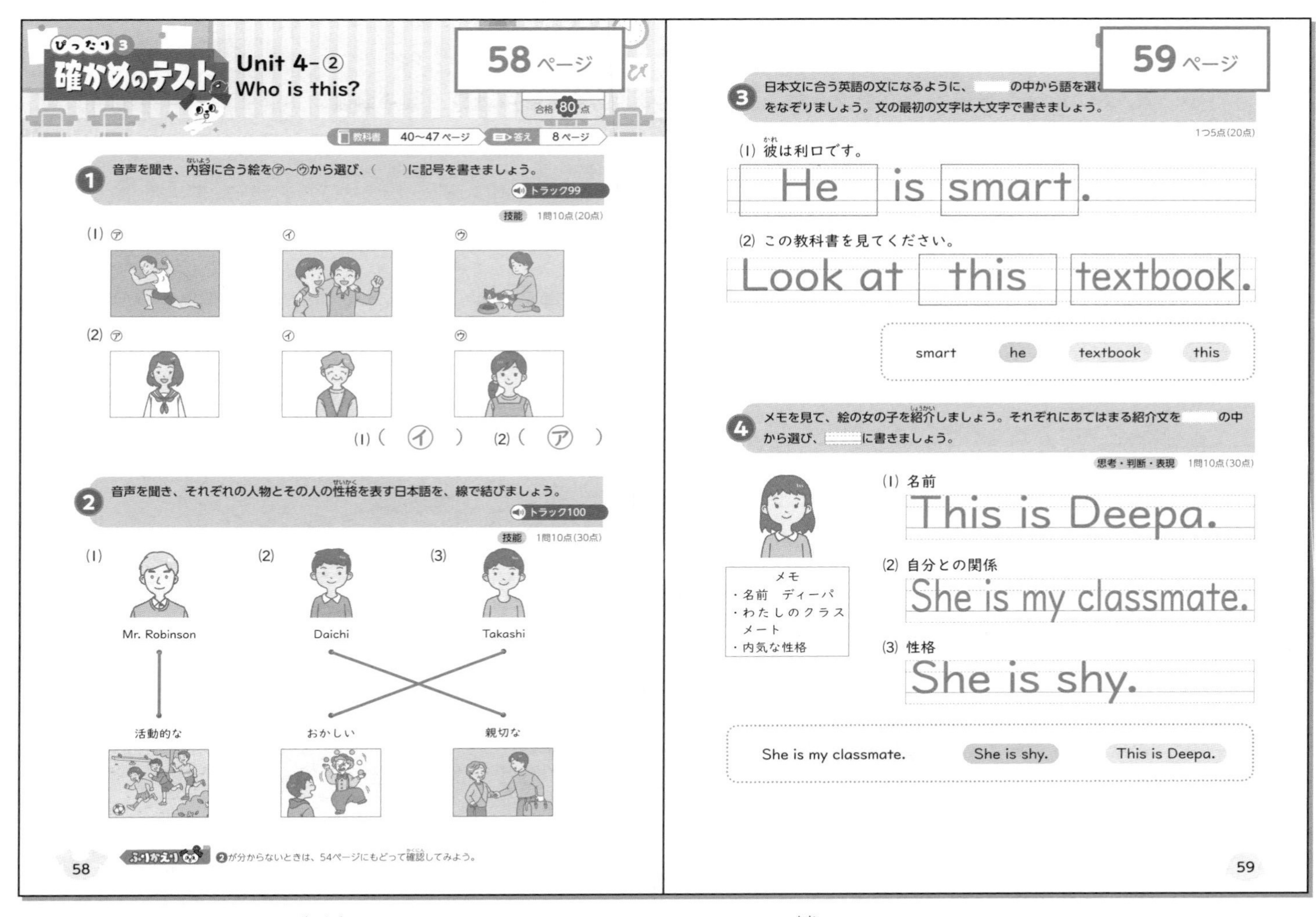
ぴったり3 確かめのテスト Unit 4-② Who is this?

58ページ

合格80点

教科書 40～47ページ　答え 8ページ

1 音声を聞き、内容に合う絵を㋐～㋒から選び、(　　)に記号を書きましょう。　トラック99

技能 1問10点(20点)

(1) ㋐ ㋑ ㋒

(2) ㋐ ㋑ ㋒

(1)(㋑)　(2)(㋐)

2 音声を聞き、それぞれの人物とその人の性格を表す日本語を、線で結びましょう。　トラック100

技能 1問10点(30点)

(1) Mr. Robinson　(2) Daichi　(3) Takashi

活動的な　おかしい　親切な

ふりかえり 2が分からないときは、54ページにもどって確認してみよう。

58

59ページ

3 日本文に合う英語の文になるように、　　の中から語を選び
をなぞりましょう。文の最初の文字は大文字で書きましょう。

1つ5点(20点)

(1) 彼は利口です。

He is smart.

(2) この教科書を見てください。

Look at this textbook.

smart　he　textbook　this

4 メモを見て、絵の女の子を紹介しましょう。それぞれにあてはまる紹介文を　　の中から選び、　　に書きましょう。

思考・判断・表現 1問10点(30点)

メモ
・名前　ディーパ
・わたしのクラスメート
・内気な性格

(1) 名前

This is Deepa.

(2) 自分との関係

She is my classmate.

(3) 性格

She is shy.

She is my classmate.　She is shy.　This is Deepa.

59

1 (1)He isのあとに人の性格を表す言葉が続きます。
(2)She isのあとに、その人と「わたし」との関係を表す言葉が続きます。

2 He isのあとに、人の性格を表す言葉が続きます。それぞれの意味を理解できるようにしましょう。

3 (1)「彼は～です。」は、He is ～.で表します。smartのように性格などを表す言葉は、isのあとに続きます。
(2)this(この)やthat(あの)はものを表す言葉の前に置きます。

4 classmate(クラスメート)はつづりの長い言葉ですが、練習して書けるようにしましょう。

読まれる英語

1 (1)This is Ken. He is friendly.
(2)This is Yumi. She is my sister.

2 (1)This is Mr. Robinson. He is active.
(2)This is Daichi. He is kind.
(3)This is Takashi. He is funny.

おうちのかたへ

このユニットでは、引き続き、身近な人について性格などを紹介する表現を練習しました。前に習ったWho is this?(こちらはだれですか。)という問いかけへの答えのバリエーションとして、お子さんの友達や先生がどんな性格かを紹介する練習をいっしょにするとよいでしょう。

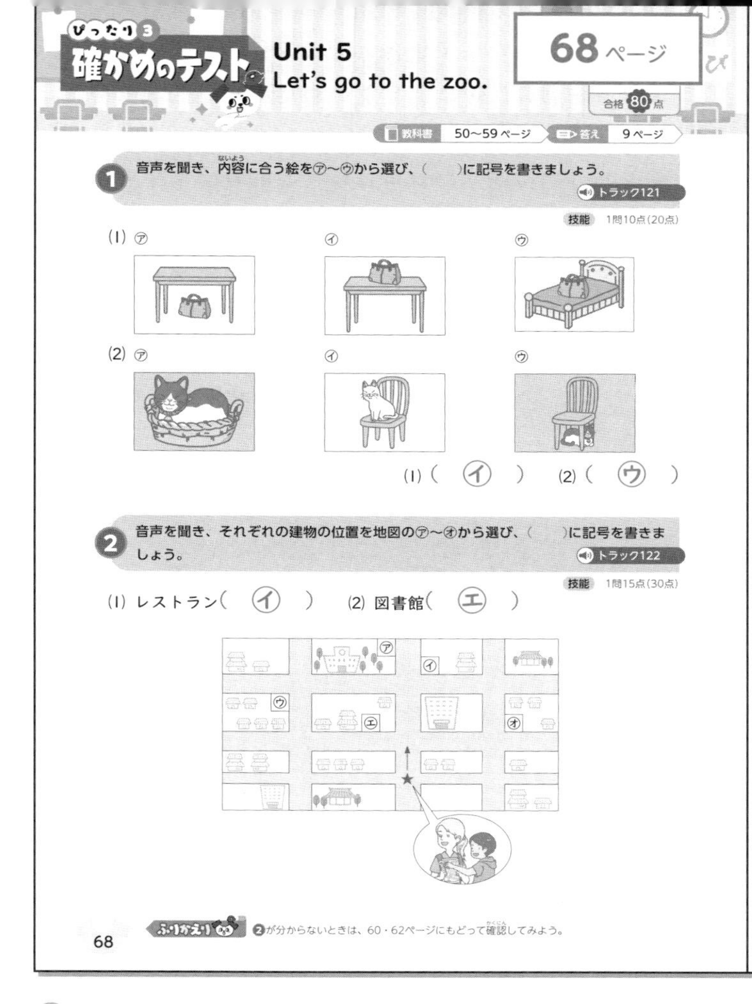

読まれる英語

1 (1) A: Where is the bag?
B: It's on the desk.
(2) A: Where is the cat?
B: It's under the chair.

2 (1) A: Where is the restaurant?
B: Go straight. You can see it on your right.
(2) A: Where is the library?
B: Go straight for one block. Turn left. You can see it on your right.

おうちのかたへ

このユニットでは、施設などの場所をたずねたり答えたりする表現と道案内の表現を練習しました。What do you have in your town?（あなたの町には何がありますか。）はin your townをin your houseに変えれば家庭内のものについてやり取りできます。位置関係を表すon / in / under / byなどは何度も使うことでイメージをつかみやすくなります。

1 (1) onは「〜の上に」という意味です。
(2) underは「〜の下に」という意味です。

2 (1) Go straight.とあるので、まっすぐに行きます。You can see it on your right.（右側に見えます。）から、㋑だと分かります。
(2) for one blockとあるので、1区画まっすぐに行きます。Turn left.で左に曲がります。

3 (1)「あなたの町には」はin your townで表します。
(2) 美術館はmuseumです。

4 (1)「いすはどこにありますか。」という質問です。
(2)「オレンジはどこにありますか。」という質問です。
(3)「ラケットはどこにありますか。」という質問です。

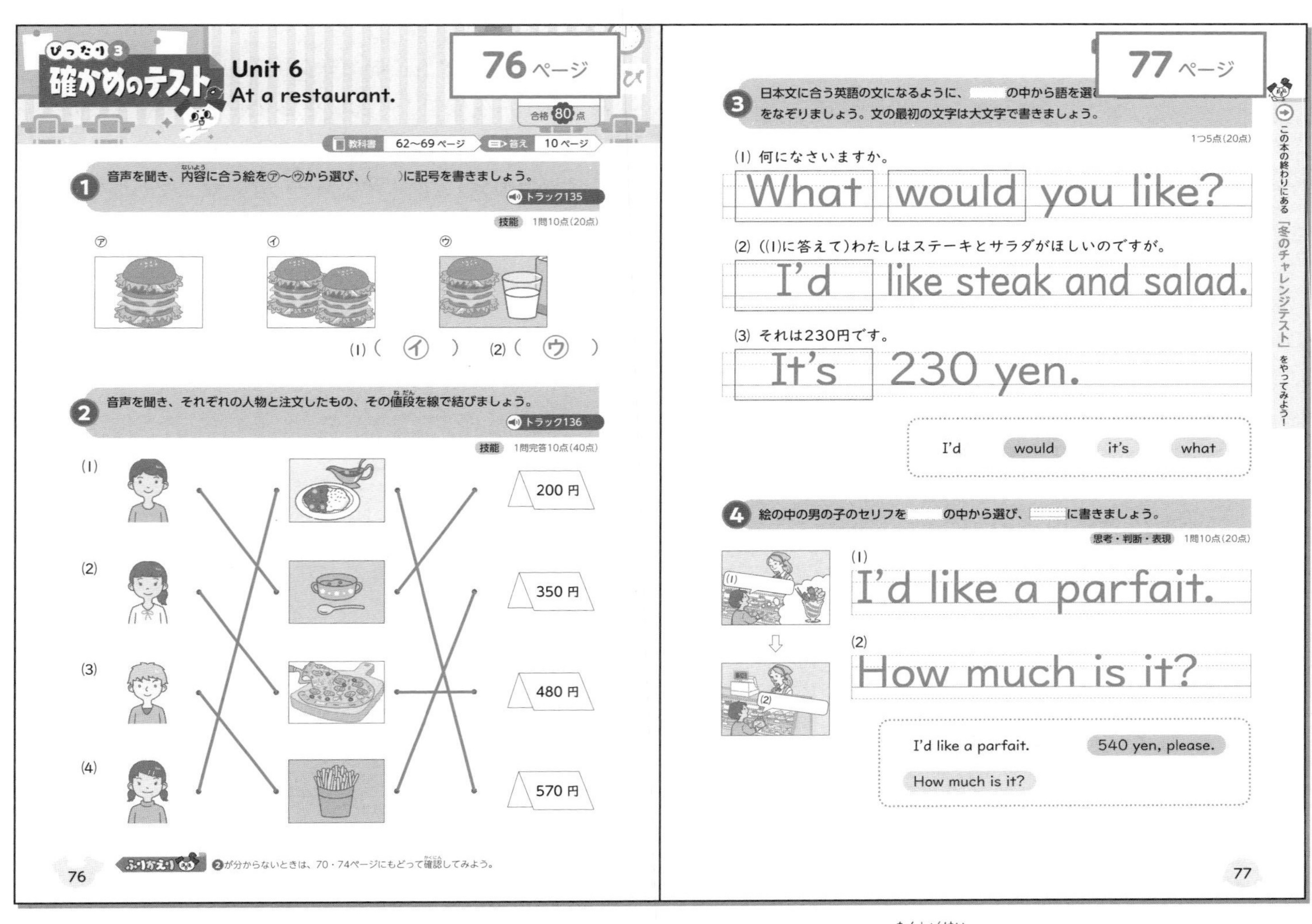

ぴったり3 確かめのテスト Unit 6 At a restaurant.

76ページ

合格80点

教科書 62〜69ページ　答え 10ページ

1 音声を聞き、内容に合う絵を㋐〜㋒から選び、(　)に記号を書きましょう。 トラック135

技能 1問10点(20点)

㋐ ㋑ ㋒

(1) (㋑)　(2) (㋒)

2 音声を聞き、それぞれの人物と注文したもの、その値段を線で結びましょう。 トラック136

技能 1問完答10点(40点)

(1) (2) (3) (4)

200円　350円　480円　570円

76　ふりかえり 2が分からないときは、70・74ページにもどって確認してみよう。

77ページ

3 日本文に合う英語の文になるように、[　]の中から語を選び、[　]に書き、文全体をなぞりましょう。文の最初の文字は大文字で書きましょう。

1つ5点(20点)

(1) 何になさいますか。

What would you like?

(2) ((1)に答えて)わたしはステーキとサラダがほしいのですが。

I'd like steak and salad.

(3) それは230円です。

It's 230 yen.

I'd　would　it's　what

4 絵の中の男の子のセリフを[　]の中から選び、[　]に書きましょう。

思考・判断・表現 1問10点(20点)

(1) I'd like a parfait.

(2) How much is it?

I'd like a parfait.　540 yen, please.　How much is it?

77

この本の終わりにある「冬のチャレンジテスト」をやってみよう！

1 I'd likeのあとに注文する内容が続きます。料理の数→料理名の順番です。注意して聞きましょう。

2 What would you like?(何になさいますか。)というお店の人の質問に、それぞれの人物がほしいと答えているものを聞き取りましょう。そのあとにHow much is it?(それはいくらですか。)と値段をたずねます。It'sのあとの数字を聞きましょう。

3 it'sはit isの短縮形です。

4 (1)絵は、男の子がお店の人に注文している場面だと分かるので、I'd like a parfait.(わたしはパフェがほしいのですが。)を選びます。

(2)絵は、男の子が注文したあとに、値段をたずねている場面だと分かるので、How much is it?(それはいくらですか。)を選びます。

読まれる英語

1 (1) I'd like two hamburgers.

(2) I'd like a hamburger and milk.

2 (1) A: What would you like?
B: I'd like soup. How much is it?
A: It's 200 yen.

(2) A: What would you like?
B: I'd like pizza. How much is it?
A: It's 480 yen.

(3) A: What would you like?
B: I'd like French fries. How much is it?
A: It's 350 yen.

(4) A: What would you like?
B: I'd like curry and rice. How much is it?
A: It's 570 yen.

おうちのかたへ

このユニットでは、ていねいに料理の注文をたずねたり、答えたりする表現を練習しました。また、値段をたずねる表現と、金額を答える練習もしました。レストランだけでなくファストフード店などでも使える表現です。料理名の英語での言い方や数字の読み方を確認したら、店員と客の役割をときどき交代しながら、お子さんと練習してみてください。

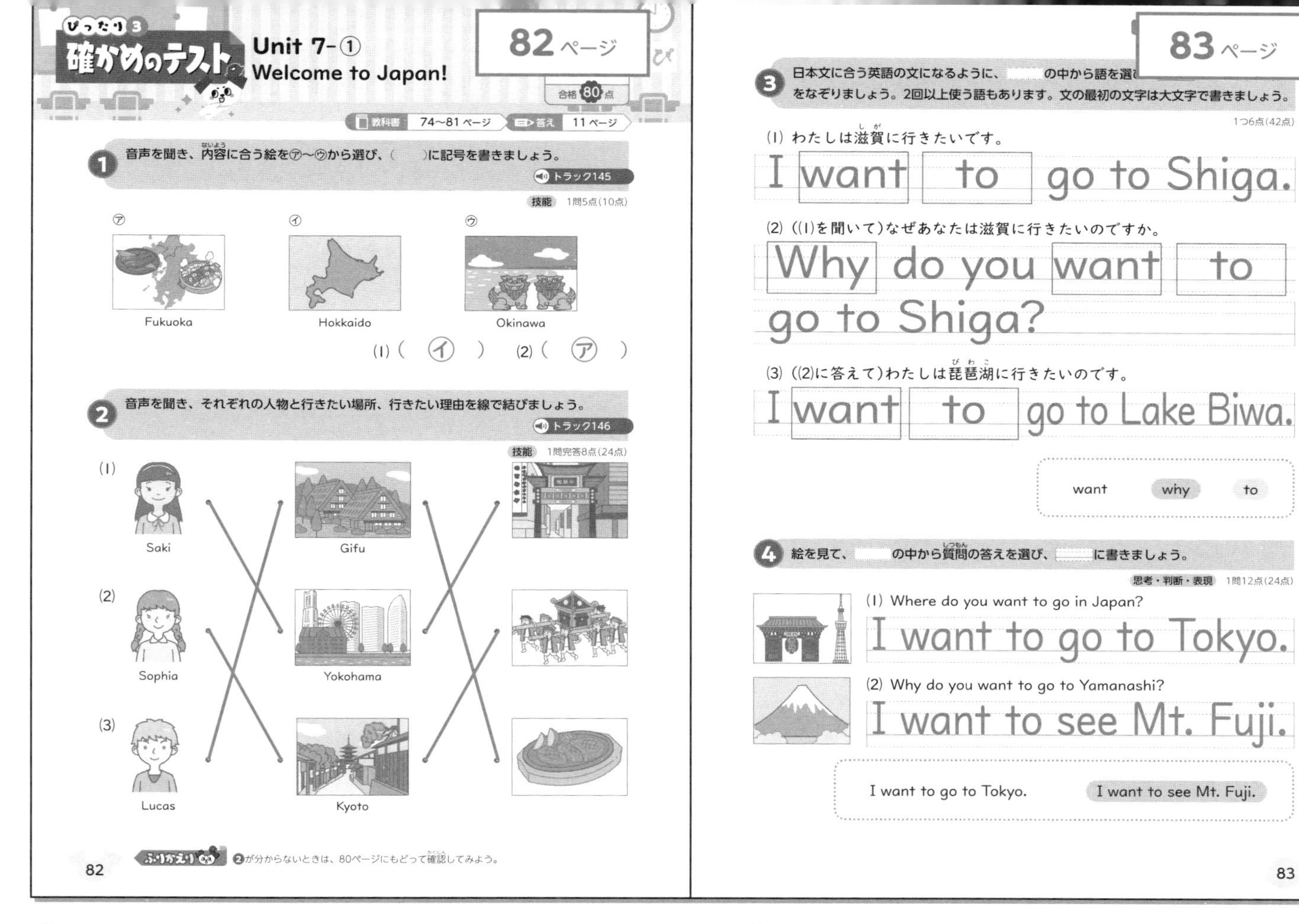

ぴったり3 確かめのテスト Unit 7-① Welcome to Japan!

82ページ

合格 80 点

教科書 74〜81ページ　答え 11ページ

1 音声を聞き、内容に合う絵を㋐〜㋒から選び、（　）に記号を書きましょう。 トラック145

技能 1問5点(10点)

㋐ Fukuoka　㋑ Hokkaido　㋒ Okinawa

(1)（ ㋑ ）　(2)（ ㋐ ）

2 音声を聞き、それぞれの人物と行きたい場所、行きたい理由を線で結びましょう。 トラック146

技能 1問完答8点(24点)

(1) Saki　(2) Sophia　(3) Lucas

Gifu　Yokohama　Kyoto

ふりかえり 2が分からないときは、80ページにもどって確認してみよう。

82

83ページ

3 日本文に合う英語の文になるように、　　の中から語を選び、　　に書き、文全体をなぞりましょう。2回以上使う語もあります。文の最初の文字は大文字で書きましょう。

1つ6点(42点)

(1) わたしは滋賀に行きたいです。

I want to go to Shiga.

(2) ((1)を聞いて)なぜあなたは滋賀に行きたいのですか。

Why do you want to go to Shiga?

(3) ((2)に答えて)わたしは琵琶湖に行きたいのです。

I want to go to Lake Biwa.

want　why　to

4 絵を見て、　　の中から質問の答えを選び、　　に書きましょう。

思考・判断・表現 1問12点(24点)

(1) Where do you want to go in Japan?

I want to go to Tokyo.

(2) Why do you want to go to Yamanashi?

I want to see Mt. Fuji.

I want to go to Tokyo.　I want to see Mt. Fuji.

83

読まれる英語

1 (1)A: Where do you want to go in Japan?
B: I want to go to Hokkaido.
(2)A: Where do you want to go in Japan?
B: I want to go to Fukuoka.

2 (1)A: Saki, why do you want to go to Yokohama?
B: I want to see Chinatown.
(2)A: Sophia, why do you want to go to Kyoto?
B: I want to see the festival.
(3)A: Lucas, why do you want to go to Gifu?
B: I want to eat beef.

おうちのかたへ

このユニットでは、日本国内で行きたい場所をたずねたり、答えたりする表現を練習しました。また、そこへ行きたい理由をたずねたり、答えたりする練習もしました。テレビや雑誌で見聞きした施設の英語での言い方を確認したら、行ってみたい場所についてのやり取りを、お子さんと練習してみてください。

1 I want to go toのあとに地名が続きます。注意して聞きましょう。

2 why do you want to go toのあとに、その人が行きたい場所の地名が続きます。why(なぜ)という質問にI want to ～.(わたしは～したい(の)です。)という形で答えています。I want toのあとの部分を注意して聞きましょう。

3 「～したい」はwant to ～で表します。

4 (1)「あなたは日本でどこに行きたいですか。」という質問です。絵は雷門と東京スカイツリーで、東京にある建造物なので、「わたしは東京に行きたいです。」と答えます。
(2)「あなたはなぜ山梨に行きたいのですか。」という質問です。絵は富士山なので、「わたしは富士山が見たいのです。」と答えます。

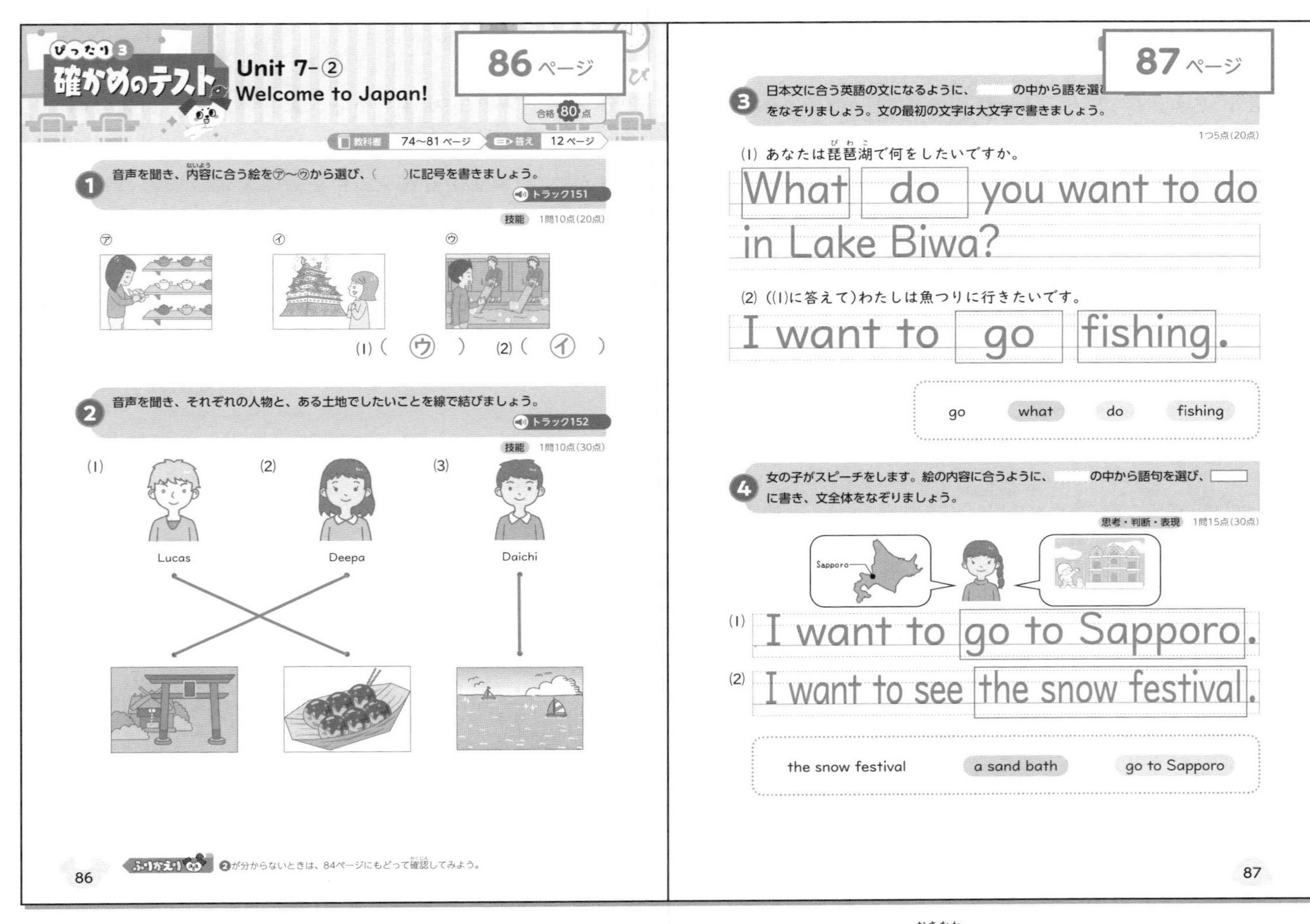

ぴったり3 確かめのテスト

Unit 7-②
Welcome to Japan!

86ページ

合格80点

教科書 74～81ページ　答え 12ページ

1 音声を聞き、内容に合う絵を㋐～㋒から選び、(　)に記号を書きましょう。 トラック151

技能 1問10点(20点)

㋐　㋑　㋒

(1)(㋒)　(2)(㋑)

2 音声を聞き、それぞれの人物と、ある土地でしたいことを線で結びましょう。 トラック152

技能 1問10点(30点)

(1) Lucas　(2) Deepa　(3) Daichi

ふりかえり 2が分からないときは、84ページにもどって確認してみよう。

86

87ページ

3 日本文に合う英語の文になるように、[　]の中から語を選び、[　]に書き、文全体をなぞりましょう。文の最初の文字は大文字で書きましょう。

1つ5点(20点)

(1) あなたは琵琶湖で何をしたいですか。

What do you want to do in Lake Biwa?

(2) ((1)に答えて)わたしは魚つりに行きたいです。

I want to go fishing.

go　what　do　fishing

4 女の子がスピーチをします。絵の内容に合うように、[　]の中から語句を選び、[　]に書き、文全体をなぞりましょう。

思考・判断・表現 1問15点(30点)

Sapporo

(1) I want to go to Sapporo.

(2) I want to see the snow festival.

the snow festival　a sand bath　go to Sapporo

87

読まれる英語

1 (1)I want to go to the *onsen*.

(2)I want to see the castle.

2 (1)A: What do you want to do in Osaka, Lucas?

B: I want to eat *takoyaki*.

(2)A: What do you want to do in Fukuoka, Deepa?

B: I want to go to the shrine.

(3)A: What do you want to do in Okinawa, Daichi?

B: I want to swim in the sea.

おうちのかたへ

このユニットでは、日本国内の行きたい場所で、何をしたいかをたずねたり、答えたりする表現を練習しました。「魚つりに行く」「富士山を見る」「中華街を見る」など、具体的な表現が登場しました。日本各地で楽しめることを、英語では何と言うのかを確認したら、お子さんと練習してみてください。

1 (1)「わたしは温泉に行きたいです。」

(2)「わたしは城が見たいです。」 see the castleで「城を見る」という意味です。

2 (1)A「あなたは大阪で何をしたいですか、ルーカス。」

B「わたしはたこ焼きを食べたいです。」

(2)A「あなたは福岡で何をしたいですか、ディーパ。」

B「わたしは神社に行きたいです。」

(3)A「あなたは沖縄で何をしたいですか、ダイチ。」

B「わたしは海で泳ぎたいです。」

3 (1)「何」はwhatで表します。

(2)「魚つりに行く」はgo fishingで表します。

4 完成した英文は「わたしは札幌に行きたいです。わたしは雪祭りが見たいです。」という意味です。

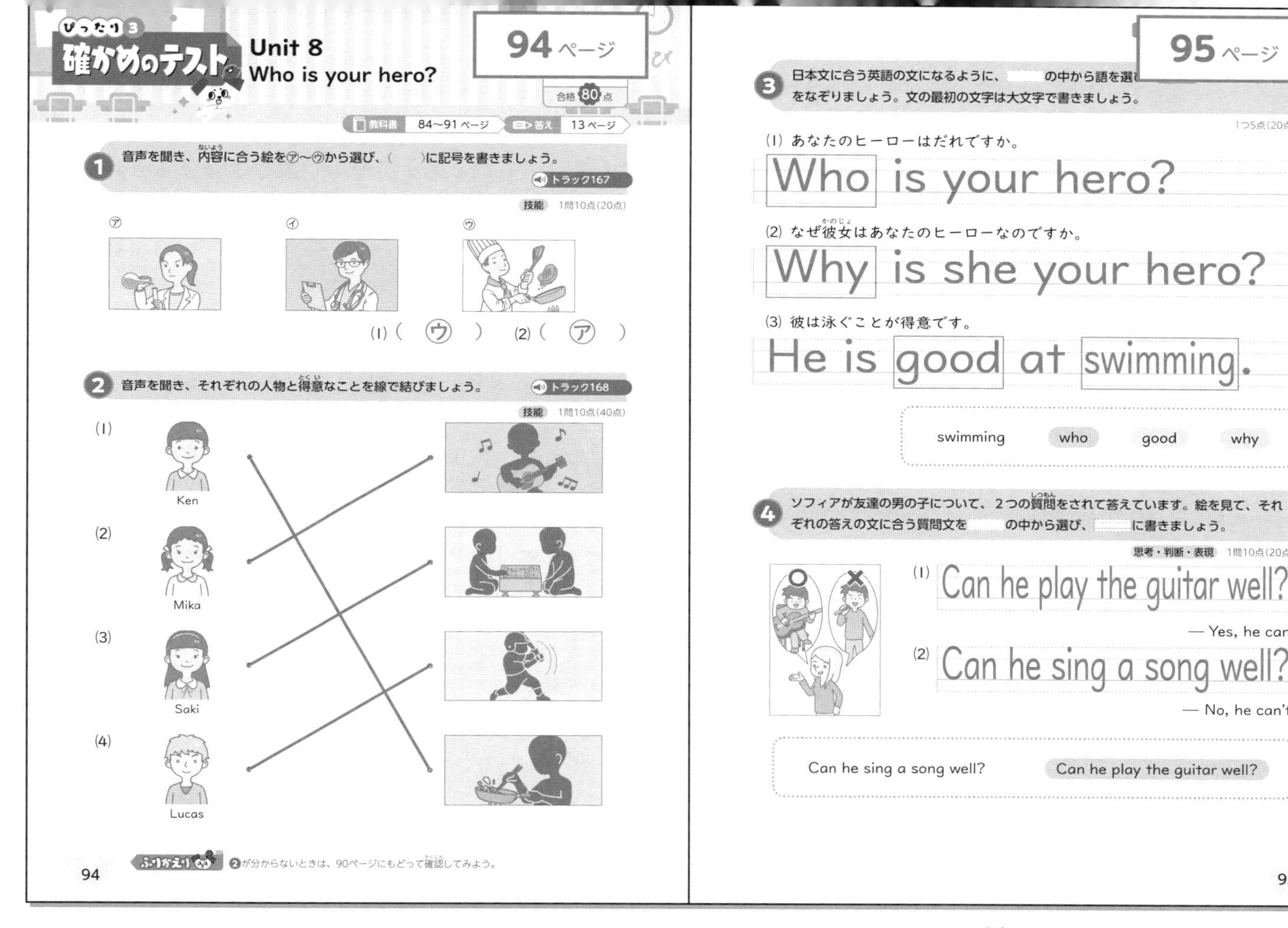

ぴったり3 確かめのテスト

Unit 8
Who is your hero?

94ページ

95ページ

合格80点

教科書 84〜91ページ　答え 13ページ

1 音声を聞き、内容に合う絵を㋐〜㋒から選び、(　)に記号を書きましょう。　トラック167

技能　1問10点(20点)

㋐　㋑　㋒

(1) (㋒)　(2) (㋐)

2 音声を聞き、それぞれの人物と得意なことを線で結びましょう。　トラック168

技能　1問10点(40点)

(1) Ken
(2) Mika
(3) Saki
(4) Lucas

3 日本文に合う英語の文になるように、　の中から語を選び、　をなぞりましょう。文の最初の文字は大文字で書きましょう。

1つ5点(20点)

(1) あなたのヒーローはだれですか。
Who is your hero?

(2) なぜ彼女はあなたのヒーローなのですか。
Why is she your hero?

(3) 彼は泳ぐことが得意です。
He is good at swimming.

swimming　who　good　why

4 ソフィアが友達の男の子について、2つの質問をされて答えています。絵を見て、それぞれの答えの文に合う質問文を　の中から選び、　に書きましょう。

思考・判断・表現　1問10点(20点)

(1) Can he play the guitar well?
— Yes, he can.

(2) Can he sing a song well?
— No, he can't.

Can he sing a song well?　Can he play the guitar well?

ふりかえり　2が分からないときは、90ページにもどって確認してみよう。

94　95

この本の終わりにある「春のチャレンジテスト」をやってみよう！

この本の終わりにある「学力診断テスト」をやってみよう！

読まれる英語

1 (1) He is a cook.
(2) She is a scientist.

2 (1) This is Ken. He is good at cooking.
(2) This is Mika. She is good at playing the guitar.
(3) A: Who is your hero?
B: My hero is my sister, Saki.
She is good at playing *shogi*.
(4) A: Who is your hero?
B: My hero is my friend, Lucas.
He is good at playing baseball.

おうちのかたへ

このユニットでは、「あなたのヒーローはだれですか。」とたずねたり、それに答えたりする表現を練習しました。友達や先生などについて、be good at 〜を使って、その人の得意なことを説明したり、Can he[she]〜?を使った質問にYes, he[she] can. / No, he[she] can't. で答えたりするなど、学習した表現を実際に使う機会をご家庭でもつようにするとよいでしょう。

1 (1) cookは「コック、料理人」という意味です。
(2) scientistは「科学者」という意味です。

2 (3)(4) Who is your hero?は「あなたのヒーローはだれですか。」という意味です。(3)は答えの文で、ヒーローはサキで、将棋が得意だと言っています。(4)は答えの文で、ヒーローはルーカスで、野球が得意だと言っています。

3 文の最初の文字は忘れずに大文字にしましょう。

4 (1) ギターをひいている姿に○がついていますから、Yes, he can.が答えの文になる質問は「彼はギターを上手にひくことができますか。」です。
(2) 歌っている姿に×がついていますから、No, he can't.が答えの文になる質問は「彼は上手に歌を歌うことができますか。」です。

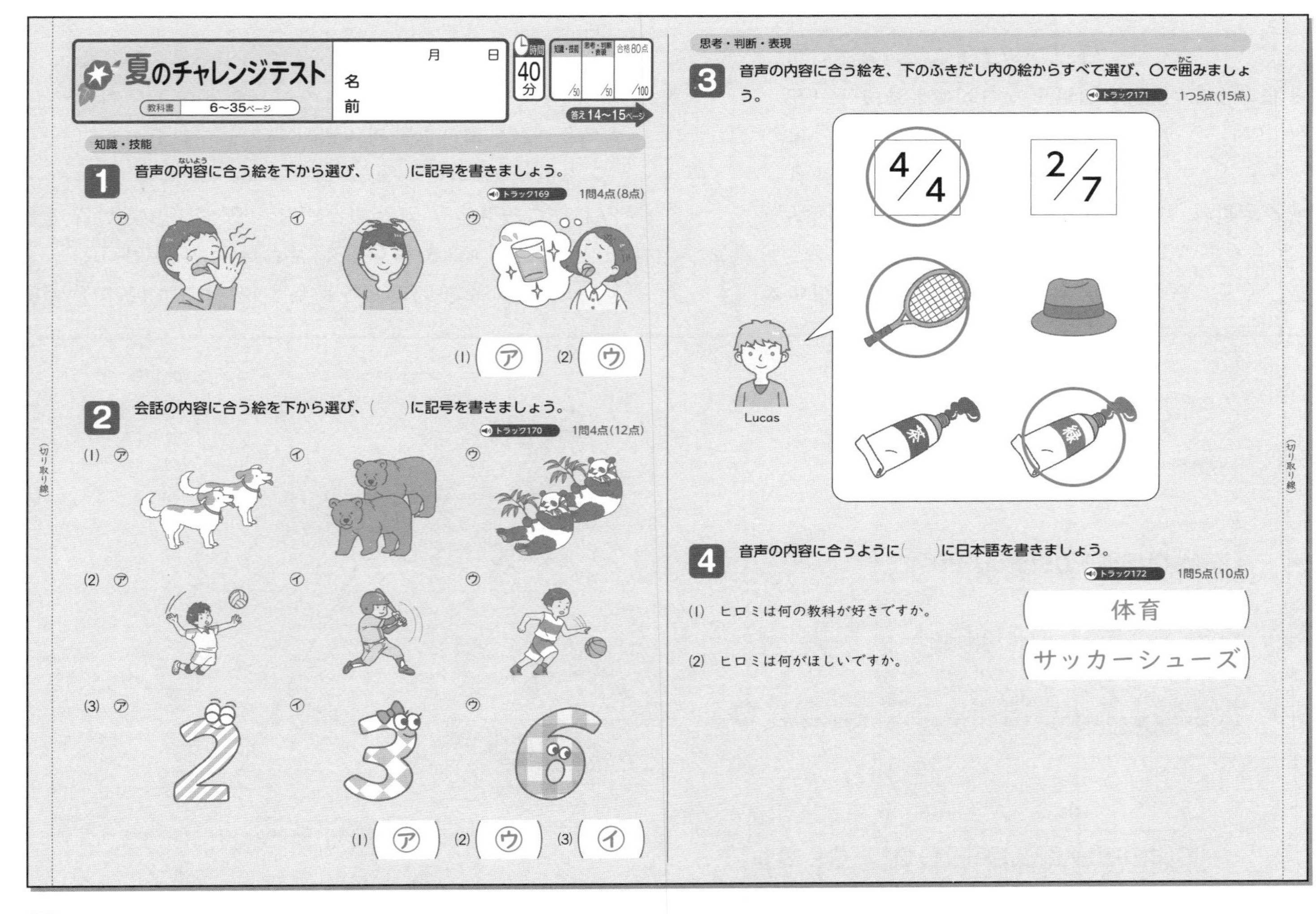

夏のチャレンジテスト

教科書 6〜35ページ

月　日

名前

時間 40分

知識・技能 /50　思考・判断・表現 /50　合格80点 /100

答え14〜15ページ

知識・技能

1 音声の内容に合う絵を下から選び、(　)に記号を書きましょう。

トラック169　1問4点(8点)

ア　イ　ウ

(1)(ア)　(2)(ウ)

2 会話の内容に合う絵を下から選び、(　)に記号を書きましょう。

トラック170　1問4点(12点)

(1) ア　イ　ウ

(2) ア　イ　ウ

(3) ア　イ　ウ

(1)(ア)　(2)(ウ)　(3)(イ)

思考・判断・表現

3 音声の内容に合う絵を、下のふきだし内の絵からすべて選び、○で囲みましょう。

トラック171　1つ5点(15点)

4 音声の内容に合うように(　)に日本語を書きましょう。

トラック172　1問5点(10点)

(1) ヒロミは何の教科が好きですか。　(体育)

(2) ヒロミは何がほしいですか。　(サッカーシューズ)

(切り取り線)

読まれる英語

1 (1) A: How are you?
B: I'm sleepy.
(2) A: How is the weather?
B: It's hot. I'm thirsty.

2 (1) A: What animals do you like?
B: I like dogs.
(2) A: Let's play basketball.
B: Sounds nice!
(3) A: How many?
B: Three apples.

3 A: Lucas, when is your birthday?
B: My birthday is April 4th.
A: What do you want for your birthday?
B: I want a green racket. I like green.

4 Hello, I'm Hiromi. I like P.E. I like soccer. I want soccer shoes.

1 I'mのあとに体の調子や気分を表す言葉が続きます。注意して聞きましょう。

2 (2)最後に-ballのつくスポーツ名はいくつかあるので、しっかり聞き取れるようにしておきましょう。
(3)数を表す言葉に注意して聞き取りましょう。

3 日付と色を表す言葉に注意して聞き取りましょう。

4 (1)I like P.E.から考えます。
(2)I want soccer shoes.から考えます。

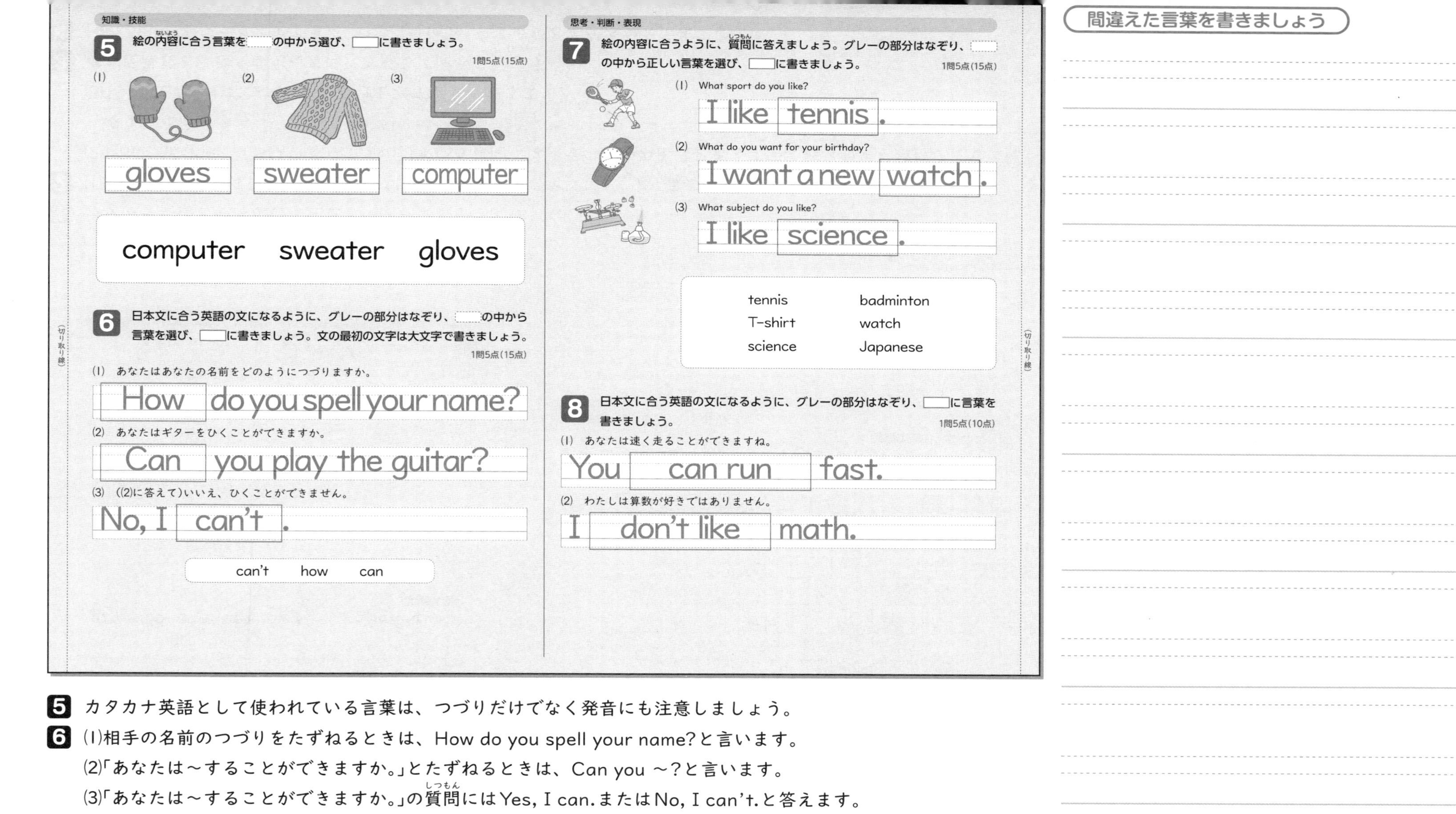

知識・技能

5 絵の内容に合う言葉を□の中から選び、□に書きましょう。

1問5点(15点)

(1) gloves (2) sweater (3) computer

computer　sweater　gloves

6 日本文に合う英語の文になるように、グレーの部分はなぞり、□の中から言葉を選び、□に書きましょう。文の最初の文字は大文字で書きましょう。

1問5点(15点)

(1) あなたはあなたの名前をどのようにつづりますか。

How do you spell your name?

(2) あなたはギターをひくことができますか。

Can you play the guitar?

(3) ((2)に答えて)いいえ、ひくことができません。

No, I can't.

can't　how　can

思考・判断・表現

7 絵の内容に合うように、質問に答えましょう。グレーの部分はなぞり、□の中から正しい言葉を選び、□に書きましょう。

1問5点(15点)

(1) What sport do you like?

I like tennis.

(2) What do you want for your birthday?

I want a new watch.

(3) What subject do you like?

I like science.

tennis　badminton
T-shirt　watch
science　Japanese

8 日本文に合う英語の文になるように、グレーの部分はなぞり、□に言葉を書きましょう。

1問5点(10点)

(1) あなたは速く走ることができますね。

You can run fast.

(2) わたしは算数が好きではありません。

I don't like math.

間違えた言葉を書きましょう

5 カタカナ英語として使われている言葉は、つづりだけでなく発音にも注意しましょう。

6 (1)相手の名前のつづりをたずねるときは、How do you spell your name?と言います。

(2)「あなたは～することができますか。」とたずねるときは、Can you ～?と言います。

(3)「あなたは～することができますか。」の質問にはYes, I can.またはNo, I can't.と答えます。

8 (1)「あなたは～することができますね。」はYou can ～.で表します。「速く走ることができます」はcanのあとにrun fastを続けます。

(2)「わたしは～が好きではありません。」はI don't like ～.で表します。

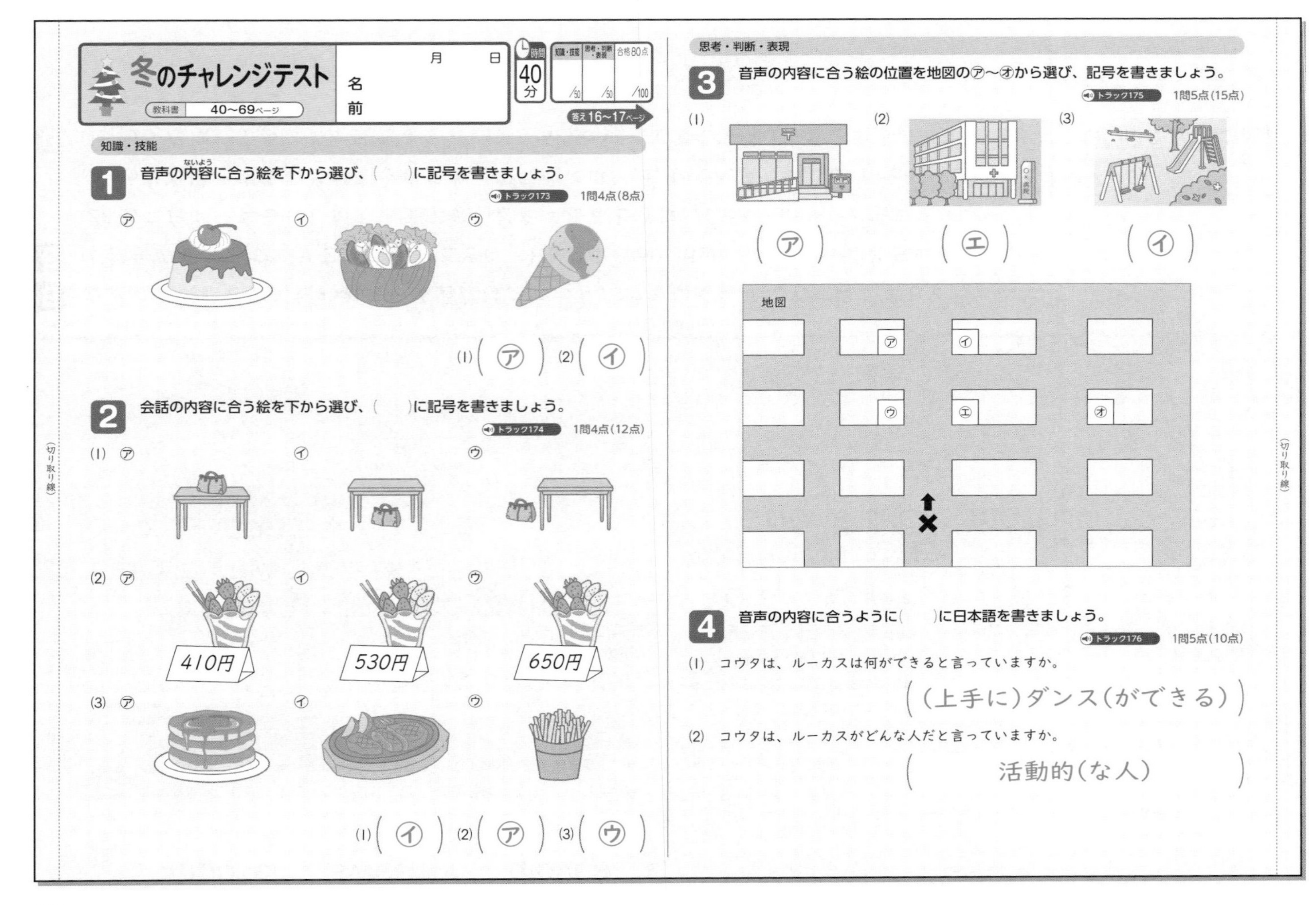

冬のチャレンジテスト 教科書 40〜69ページ　月　日　名前　時間40分　知識・技能 /50　思考・判断・表現 /50　合格80点 /100　答え16〜17ページ

知識・技能

1 音声の内容に合う絵を下から選び、(　)に記号を書きましょう。　トラック173　1問4点(8点)

㋐　㋑　㋒

(1)(㋐)　(2)(㋑)

2 会話の内容に合う絵を下から選び、(　)に記号を書きましょう。　トラック174　1問4点(12点)

(1) ㋐　㋑　㋒

(2) ㋐ 410円　㋑ 530円　㋒ 650円

(3) ㋐　㋑　㋒

(1)(㋑)　(2)(㋐)　(3)(㋒)

思考・判断・表現

3 音声の内容に合う絵の位置を地図の㋐〜㋔から選び、記号を書きましょう。　トラック175　1問5点(15点)

(1)(㋐)　(2)(㋓)　(3)(㋑)

地図

4 音声の内容に合うように(　)に日本語を書きましょう。　トラック176　1問5点(10点)

(1) コウタは、ルーカスは何ができると言っていますか。

((上手に)ダンス(ができる))

(2) コウタは、ルーカスがどんな人だと言っていますか。

(　活動的(な人)　)

読まれる英語

1 (1)pudding
(2)salad

2 (1)A: Where is the bag?
B: It's under the desk.
(2)A: How much is the parfait?
B: It's 410 yen.
(3)A: What would you like?
B: I'd like French fries.

3 (1)A: Where is the post office?
B: Go straight for two blocks. Turn left. You can see it on your right.
(2)A: Where is the hospital?
B: Go straight for one block. Turn right. You can see it on your left.
(3)A: Where is the park?
B: Go straight for two blocks. Turn right. You can see it on your left.

4 Hello, I'm Kota. Look at this. This is my friend, Lucas. He can dance well. He is active.

1 カタカナ英語とのちがいに注意して聞きましょう。

2 (1)㋐はon the desk(机の上に)、㋒はby the desk(机のそばに)となります。おぼえておきましょう。
(2)How much ～?(～はいくらですか。)という質問には、その品物の値段を答えます。数を表す言葉に注意して聞きましょう。
(3)I'd likeのあとに注文したい料理を表す言葉が続きます。

3 進む区画数と、道を曲がる方向に注意して聞きましょう。

4 He can ～.でルーカスができることを、He is ～.で彼がどんな人かを伝えています。

知識・技能

5 絵の内容に合う言葉を［　］の中から選び、［　］に書きましょう。 1問5点(15点)

(1) coffee　(2) milk　(3) bookstore

milk　bookstore　coffee

6 日本文に合う英語の文になるように、グレーの部分はなぞり、［　］の中から言葉を選び、［　］に書きましょう。文の最初の文字は大文字で書きましょう。 1問5点(15点)

(1) 彼女は上手にサッカーをすることができます。
She can play soccer well.

(2) こちらはだれですか。
Who is this?

(3) ((2)に答えて)彼はわたしの父です。
He is my father.

who　can　father

思考・判断・表現

7 絵の内容に合うように、質問に答えましょう。グレーの部分はなぞり、［　］の中から正しい言葉を選び、［　］に書きましょう。 1問5点(15点)

(1) Where is the cat?
It's by the desk.

(2) What do you have in your town?
We have a museum.

(3) What would you like?
I'd like pizza.

by the desk　on the desk
a museum　a church
like pizza　like pie

8 日本文に合う英語の文になるように、グレーの部分はなぞり、［　］に言葉を書きましょう。文の最初の文字は大文字で書きましょう。 1問5点(10点)

(1) 彼女は内気です。
She is shy.

(2) スープはいかがですか。
How about soup?

間違えた言葉を書きましょう

5 (1)fとeはそれぞれ2つずつ続くことに注意しましょう。

6 (1)「彼女は～することができます。」はShe can ～.で表します。

(2)「だれ」と質問するときはWhoを使います。

7 (1)byは「～のそばに」という意味です。

(2)What do you have in your town?は「あなた(たち)の町には何がありますか。」という意味です。We have ～.の形で「～があります。」と答えることができます。

8 (2)「～はいかがですか。」はHow about ～?で表します。

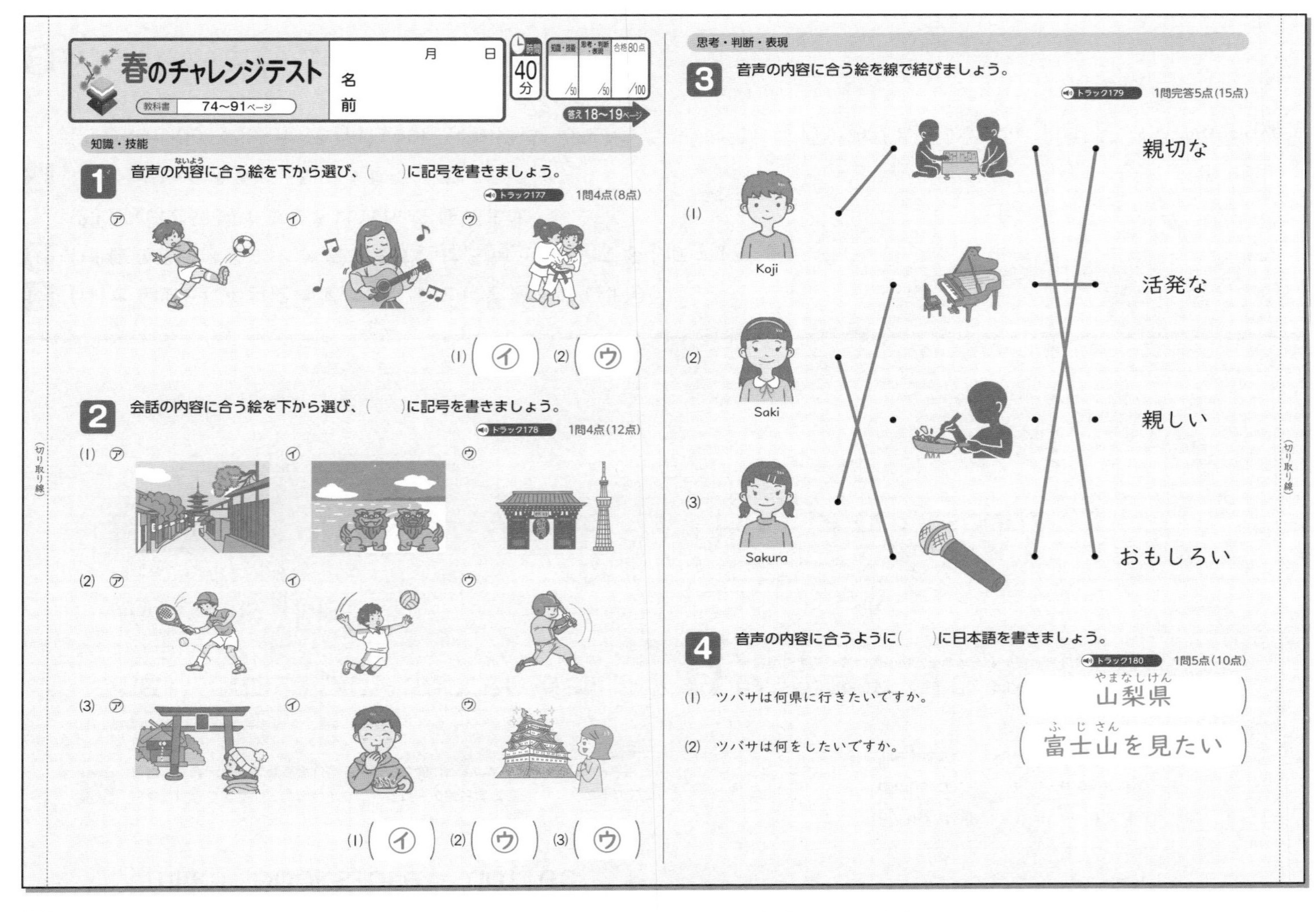
春のチャレンジテスト

教科書 74〜91ページ

月　日

名前

時間 40分

知識・技能 /50　思考・判断・表現 /50　合格80点 /100

答え18〜19ページ

知識・技能

1 音声の内容に合う絵を下から選び、(　)に記号を書きましょう。

トラック177　1問4点(8点)

㋐　㋑　㋒

(1)(㋑)　(2)(㋒)

2 会話の内容に合う絵を下から選び、(　)に記号を書きましょう。

トラック178　1問4点(12点)

(1) ㋐　㋑　㋒

(2) ㋐　㋑　㋒

(3) ㋐　㋑　㋒

(1)(㋑)　(2)(㋒)　(3)(㋒)

思考・判断・表現

3 音声の内容に合う絵を線で結びましょう。

トラック179　1問完答5点(15点)

(1) Koji

(2) Saki

(3) Sakura

親切な

活発な

親しい

おもしろい

4 音声の内容に合うように(　)に日本語を書きましょう。

トラック180　1問5点(10点)

(1) ツバサは何県に行きたいですか。(山梨県)

(2) ツバサは何をしたいですか。(富士山を見たい)

(切り取り線)

読まれる英語

1 (1)playing the guitar

(2)doing judo

2 (1)A: Where do you want to go?

B: I want to go to Okinawa.

(2)A: Who is your hero?

B: My hero is Mr. Honda. He is a baseball player.

(3)A: What do you want to do in Osaka?

B: I want to see the castle.

3 (1)Koji is good at playing *shogi*. He is funny.

(2)Saki is good at singing. She is kind.

(3)Sakura is good at playing the piano. She is active.

4 Hello, I'm Tsubasa. I want to go to Yamanashi. I want to see Mt. Fuji. It's beautiful. Thank you.

1 playなどの動作を表す言葉にingをつけると「〜すること」という意味になります。

2 (1)Whereで始まる文は場所をたずねます。答えの文では、場所を表す言葉に注意して聞きましょう。

(2)baseball playerは「野球選手」という意味です。

(3)doは「する」という意味です。want to doで「したい」という意味になります。

3 is good at 〜は「〜が得意です」という意味です。atのあとの、動作を表す言葉にingのついた「〜すること」が「得意なこと」を表します。注意して聞きましょう。

4 I want to go to 〜.でツバサが行きたい場所を、I want to 〜.で彼が何をしたいかを伝えています。

知識・技能

5 絵の内容(ないよう)に合う言葉を[ ]の中から選び、[ ]に書きましょう。 1問5点(15点)

(1) doctor (2) cook (3) scientist

scientist cook doctor

6 日本文に合う英語の文になるように、グレーの部分はなぞり、[ ]の中から言葉を選び、[ ]に書きましょう。文の最初の文字は大文字で書きましょう。 1問5点(15点)

(1) 彼(かれ)はテニスを上手にできますか。
Can he play tennis well?

(2) ((1)に答えて)いいえ、できません。
No, he can't.

(3) わたしは北海道に行きたいです。
I want to go to Hokkaido.

go to Hokkaido he can't can he play

思考・判断・表現

7 絵の中の人物になったつもりで、質問(しつもん)に答えましょう。グレーの部分はなぞり、[ ]の中から正しい言葉を選び、[ ]に書きましょう。 1問5点(15点)

(1) Why is he your hero?
He is good at swimming.

(2) Why do you want to go to Lake Biwa?
I want to go fishing.

(3) What do you want to do in Yokohama?
I want to see Chinatown.

swimming singing
see the festival go fishing
go to a shrine see Chinatown

8 日本文に合う英語の文になるように、グレーの部分はなぞり、[ ]に言葉を書きましょう。 1問5点(10点)

(1) わたしのヒーローはわたしのお母さんです。
My hero is my mother.

(2) 彼女(かのじょ)は親切です。
She is kind.

(切り取り線)

5 (2)「コック」は「料理をする」と同じ言葉であるcookで表します。

6 (1)「彼(かれ)は～を上手にできますか。」はCan he ～ well?でたずねます。
(2)Can he ～?の質問(しつもん)に「いいえ、できません。」と答えるときはNo, he can't.で表します。

7 (1)「なぜ彼はあなたのヒーローなのですか。」という質問です。理由として、彼が得意(とくい)なことを伝えています。
(2)「なぜあなたは琵琶湖(びわこ)に行きたいのですか。」という質問です。その場所でしたいことを答えています。
(3)「あなたは横浜(よこはま)で何をしたいですか。」という質問です。I want to ～.で、したいことを答えています。

8 (2)「彼女(かのじょ)は～です。」はShe is ～.で表します。「親切な」はkindで表します。

間違えた言葉を書きましょう

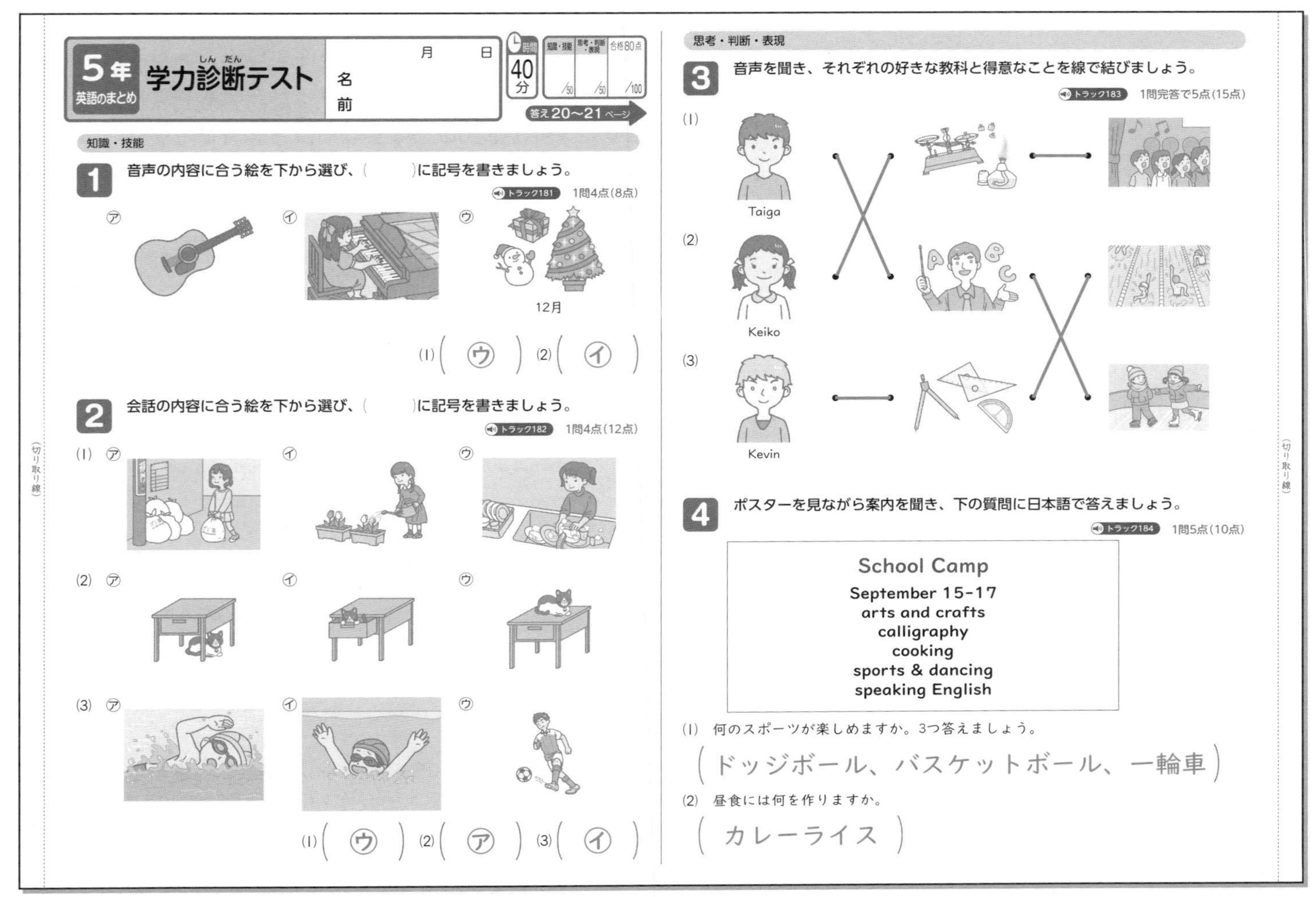

5年 英語のまとめ 学力診断テスト

月　日　名前

時間 40分　知識・技能 /50　思考・判断・表現 /50　合格80点 /100

答え20～21ページ

知識・技能

1 音声の内容に合う絵を下から選び、(　　)に記号を書きましょう。

トラック181　1問4点(8点)

㋐　㋑　㋒ 12月

(1)(ウ)　(2)(イ)

2 会話の内容に合う絵を下から選び、(　　)に記号を書きましょう。

トラック182　1問4点(12点)

(1) ㋐ ㋑ ㋒

(2) ㋐ ㋑ ㋒

(3) ㋐ ㋑ ㋒

(1)(ウ)　(2)(ア)　(3)(イ)

思考・判断・表現

3 音声を聞き、それぞれの好きな教科と得意なことを線で結びましょう。

トラック183　1問完答で5点(15点)

(1) Taiga

(2) Keiko

(3) Kevin

4 ポスターを見ながら案内を聞き、下の質問に日本語で答えましょう。

トラック184　1問5点(10点)

School Camp
September 15-17
arts and crafts
calligraphy
cooking
sports & dancing
speaking English

(1) 何のスポーツが楽しめますか。3つ答えましょう。

(ドッジボール、バスケットボール、一輪車)

(2) 昼食には何を作りますか。

(カレーライス)

(切り取り線)

1 (1) When's ～? は「いつですか。」の意味で、When is を短くした形です。「クリスマス」はDecember「12月」にありますね。

2 (1) Do you help at home? は、「家で手伝いをしますか。」という意味です。答えの文のalwaysは「いつも」、wash the dishes は「食器を洗う」という意味です。

(3) I'm not good at swimming. は「わたしは泳ぐことが得意ではありません。」という意味です。

4 案内では女の人が、「わたしたちの学校でキャンプをします。9月15日から9月17日までです。わたしたちはドッジボール、バスケットボール、一輪車乗りというスポーツを楽しむことができます。昼ご飯にはカレーライスを作りましょう。参加してください！」と言っています。

読まれる英語

1 (1)A: When's Christmas?
B: It's in December.

(2) This is my sister. She can play the piano.

2 (1)A: Do you help at home?
B: Yes, always. I always wash the dishes.

(2)女の子: Where's your cat, Kevin?
ケビン: It's under the desk.

(3)A: Are you good at swimming?
B: No, I'm not. I'm not good at swimming.

3 (1)タイガ : I'm Taiga. I like English.
I'm good at skating.

(2)男の人: What subject do you like, Keiko?
ケイコ : I like science.
男の人: Are you good at singing?
ケイコ : Yes, I am. I'm good at singing.

(3)ケビン: My name is Kevin. I like math.
I'm good at swimming.

4 We have a camp at our school. It's from September 15th to September 17th. We can enjoy sports; dodgeball, basketball and riding a unicycle. Let's cook curry and rice for lunch. Please join us!

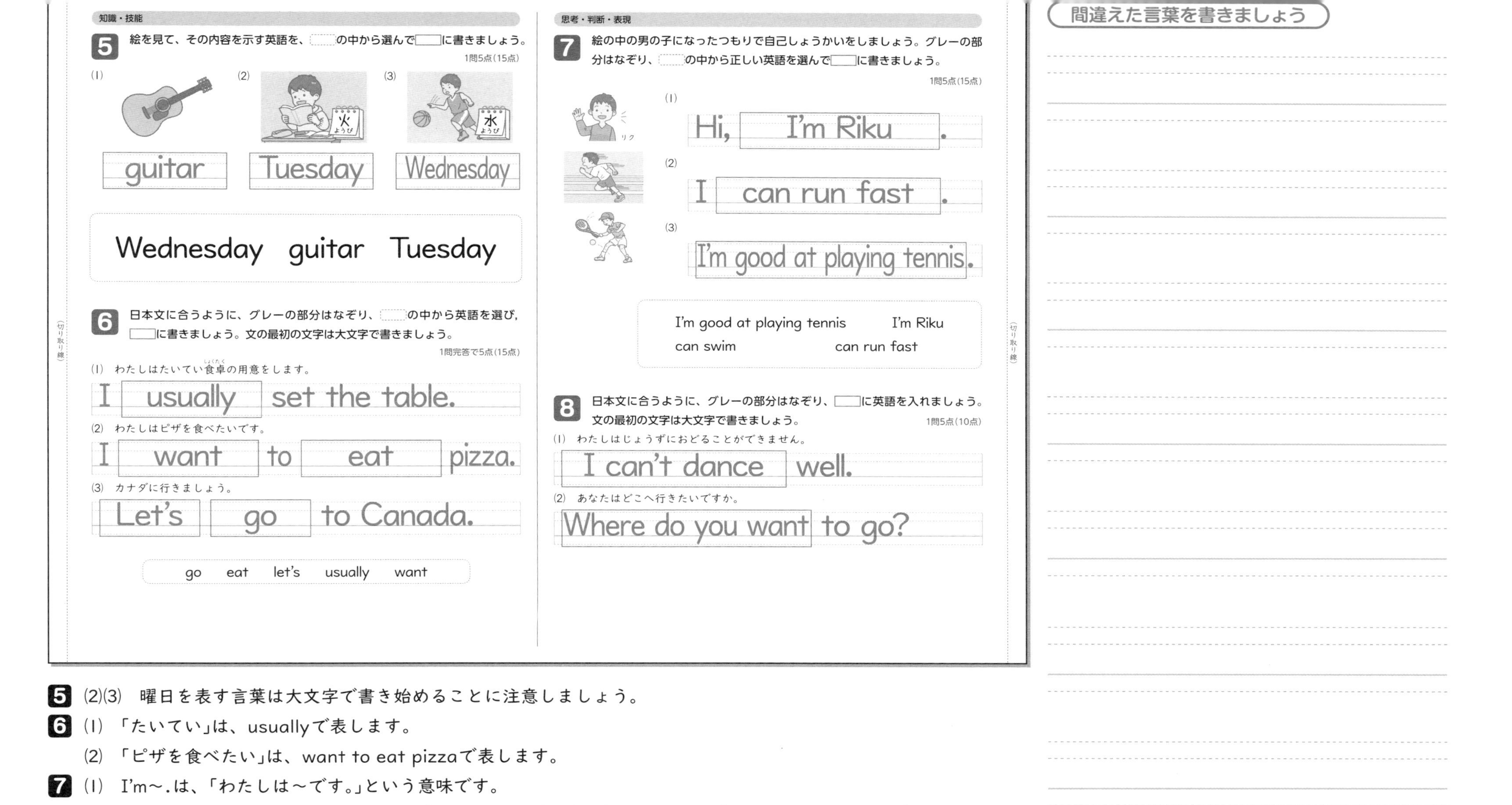

知識・技能

5 絵を見て、その内容を示す英語を、□の中から選んで□に書きましょう。 1問5点(15点)

(1) guitar　(2) Tuesday　(3) Wednesday

Wednesday　guitar　Tuesday

6 日本文に合うように、グレーの部分はなぞり、□の中から英語を選び、□に書きましょう。文の最初の文字は大文字で書きましょう。 1問完答で5点(15点)

(1) わたしはたいてい食卓の用意をします。

I usually set the table.

(2) わたしはピザを食べたいです。

I want to eat pizza.

(3) カナダに行きましょう。

Let's go to Canada.

go　eat　let's　usually　want

思考・判断・表現

7 絵の中の男の子になったつもりで自己しょうかいをしましょう。グレーの部分はなぞり、□の中から正しい英語を選んで□に書きましょう。 1問5点(15点)

(1) Hi, I'm Riku.

(2) I can run fast.

(3) I'm good at playing tennis.

I'm good at playing tennis　I'm Riku　can swim　can run fast

8 日本文に合うように、グレーの部分はなぞり、□に英語を入れましょう。文の最初の文字は大文字で書きましょう。 1問5点(10点)

(1) わたしはじょうずにおどることができません。

I can't dance well.

(2) あなたはどこへ行きたいですか。

Where do you want to go?

間違えた言葉を書きましょう

5 (2)(3) 曜日を表す言葉は大文字で書き始めることに注意しましょう。

6 (1) 「たいてい」は、usuallyで表します。

(2) 「ピザを食べたい」は、want to eat pizzaで表します。

7 (1) I'm～.は、「わたしは～です。」という意味です。

(2) canは「～できます。」と伝えるときに使います。絵では速く走っているので、can run fastを選びます。

8 (1) 「～できません」は、can't ～で表します。

メモ

メモ

A

東京書籍版・小学英語5